NÃO HÁ EXAME

Sua jornada rumo a uma vida mais feliz

ERIC SALINAS

Second Star Press

SUMÁRIO

*Para Silvana, meu amor e copiloto, que enxerga a estrada da mesma forma
que eu.
Você me mostrou que as palavras podem ser veículos.*

PREFÁCIO

Desde que comecei a viver desta forma, minhas dores de cabeça diminuíram. A maioria delas era ligada ao estresse—atada a uma ansiedade que eu nem percebia que carregava. Eu não curei o estresse. Apenas parei de jogar lenha em uma fogueira que já estava acesa.

A mudança aconteceu gradualmente. Comecei a notar padrões que não conseguia mais ignorar. Coisas que todo mundo aceita como normais, mas que talvez não sejam tão imutáveis quanto pensamos. Perguntas que ninguém faz porque todos presumem que as respostas são óbvias.

Acontece que elas não são.

Estou vivendo de maneira diferente há mais de um ano. Não é um método ou uma rotina—é uma mentalidade. Algo fundamental mudou na forma como vejo objetivos, competição, sucesso, o que importa e o que não importa.

Comecei a compartilhar isso com um colega de trabalho. Ele me disse que isso mudou a forma como ele vê tudo. Foi apenas uma pessoa. Pensei que, se ressoou com ele, talvez pudesse se conectar com mais alguém.

Então, decidi escrever este livro.

Não para te dizer como viver. Não para te converter a alguma filosofia. Apenas para compartilhar o que notei, o que mudou para mim e ver se algo disso se conecta com algo que você já sentiu, mas não conseguia dar nome.

Vou compartilhar histórias da minha vida. Quando algo ativar uma lembrança sua, estaremos no caminho certo. Quando não ativar, tudo bem também. Origens diferentes significam rotas diferentes.

Isto é uma conversa. Não estou aqui para empacotar sabedoria ou exibição de especialista. Estou aqui para compartilhar o que aprendi vivendo.

Se você está lendo isto, já está curioso.

Pronto? Vamos dar a partida.

INTRODUÇÃO: APERTE OS CINTOS

Vamos dar uma volta (sim, de carro). Quero te mostrar algumas coisas durante este trajeto que você talvez reconheça assim que as vir.

Sabe aquela sensação de quando você entra em um carro zero? O cheiro, a empolgação de ver tudo pela primeira vez. Você começa a descobrir onde estão os comandos. O que este botão faz. Por que aquela configuração existe. Com o passar dos dias, você descobre recursos que nem sabia que estavam lá. Alguns funcionam exatamente como você esperava. Outros te surpreendem completamente.

É assim que você vai se sentir com este livro. Vamos descobrir coisas—apertar botões que nunca testamos antes, ver o que eles realmente fazem, aprender que algumas coisas funcionam de forma totalmente diferente do que imaginávamos. Coisas que dávamos como certas podem parecer diferentes sob este novo ângulo.

Faremos paradas pelo caminho quando precisarmos processar o que estamos vendo. Esticar as pernas. Refletir sobre algo por um momento antes de continuar.

Você faz o mesmo trajeto todos os dias, não faz? Para o trabalho, para a faculdade, para onde quer que precise ir. Você conhece esse caminho. A rota familiar. O trânsito. Os outros carros ao seu redor.

Este é o seu trajeto para uma vida mais feliz.

Você não está chegando de mãos abanando. Você já viveu o suficiente para ter entendido algumas coisas. Já passou por situações suficientes para ter desenvolvido instintos. Já tomou decisões suficientes para entender o que importa para você. Seja o que for que te levou a pegar este livro—curiosidade, frustração, o momento certo, o acaso—você se trouxe até aqui com tudo o que já aprendeu.

Você sabe qual é o seu ponto de referência e pode ter passado por vários *obstáculos* para chegar até aqui. Mas agora você está vendo alguns motoristas na estrada. E você vai alcançá-los, para que possa atingir o sucesso de que precisa. Você já percebeu contra quem está competindo. Já sabe o que o seu 100% significa. Sabe quais escolhas te trouxeram a este momento. Você está aqui. Sabe que nem todos chegarão à mesma distância que você. As gerações anteriores te disseram como dirigir, mas agora você sabe que seus olhos só precisam estar focados na estrada à frente. Sem distrações. Você sabe de tudo isso. Sempre soube.

Pronto? Assuma o volante.

Parte Um

SAINDO DO SEU BAIRRO

Sair do território familiar, descobrindo novas rotas.

Capítulo 1

VOCÊ ESTÁ AQUI

Existe algo que o seu cérebro faz toda santa vez que você está em um carro, e você provavelmente nunca percebeu.

Já reparou como todo motorista mais rápido que você é um idiota imprudente, e todo motorista mais lento que você não sabe o que está fazendo? Isso não é coincidência. Esse é o ponto de partida para tudo o que estamos prestes a explorar.

Dirigindo na Faixa Central

Saímos do bairro. Olhe para o carro na faixa ao lado. Agora olhe para o que está à frente. Um deles está indo mais rápido que você, e agora seu cérebro imediatamente o rotula: motorista agressivo, provavelmente está com pressa, acha que é dono da rua. O outro está indo mais devagar, e seu cérebro faz isso de novo: por que eles estão sequer nesta faixa? Não os ensinaram a pegar a faixa da direita se dirigem devagar?

Aqui está o ponto: ambas as reações aconteceram por causa da SUA velocidade. Você é o ponto de referência. Você é o zero no velocímetro do seu mundo.

Aquele carro a 130 km/h? Eles estão olhando para alguém a 150 km/h pensando exatamente a mesma coisa que você acabou de pensar sobre eles. E o carro que você acabou de chamar de lento? Eles estão olhando para alguém indo ainda mais devagar com a mesma frustração que você sentiu em relação a eles.

Todo mundo é o centro de suas próprias referências. Você já deve ter ouvido que não é o centro do universo, mas você é absolutamente o centro do SEU universo, da SUA vida. Tudo o que você percebe como *rápido* ou *lento*, *inteligente* ou *estúpido*, *bem-sucedido* ou *fracassado* está sendo medido com você como base de comparação.

O Ciclo Infinito da Competição

E isso cria um problema. Uma vez que você se mede em relação a todos os outros, você fica preso em um ciclo infinito.

Digamos que você esteja seguindo seu caminho e veja alguém à frente indo mais rápido. Você acelera para ultrapassá-lo. Sensação boa, certo? Mas espere—agora você consegue ver um novo carro à frente indo ainda mais rápido que você. Então você acelera de novo. Ultrapassa ele também.

Só que agora há outro carro que você não conseguia ver antes, indo ainda mais rápido que aquele.

E outro além daquele.

E outro além daquele. E outro.

Você não chegou de fato a um lugar diferente na competição. Você apenas mudou de quais carros está se comparando. No momento em que você ultrapassa os carros *mais rápidos*, você simplesmente revela um NOVO conjunto de carros mais rápidos que não conseguia ver antes. Você acha que precisamos de mais um? Sempre há mais um carro à frente. Isso nunca termina.

Isso não é apenas sobre dirigir na estrada. Isso é sobre tudo.

Salários: "Eu ganho R$ 8.000" parece bom até você conhecer alguém que ganha R$ 12.000, depois alguém que ganha R$ 20.000, depois alguém que ganha R$ 200.000...

Fitness: "Eu consigo levantar 70 kg no supino" até ver alguém fazendo 90, depois 110, depois 180...

Seguidores: "Eu tenho 1.000 seguidores" até você ver alguém com

10 mil, depois 100 mil, depois 1 milhão, você não tem uma placa do YouTube? pff...

O ciclo nunca se fecha porque você continua movendo o ponto de comparação toda vez que pensa que *chegou lá*.

Seu Odômetro, Não a Velocidade Deles

Então aqui está a mudança: pare de olhar para a velocidade dos outros carros. Olhe para o seu próprio odômetro. Suas milhas percorridas.

Seu odômetro mede a distância percorrida, não a velocidade. Ontem seu odômetro marcava 1.000 km. Hoje ele marca 1.050. Isso é progresso. Cinquenta quilômetros a mais de experiência, aprendizado, vida. Essa é a única medição que importa.

Alguns dias você viajará 100 km porque a estrada está livre e o tempo está perfeito. Alguns dias você viajará 10 km porque está em uma estrada de montanha que exige uma navegação cuidadosa. Ambos os dias adicionaram quilômetros ao seu odômetro. Ambos os dias moveram você para frente.

Talvez hoje você esteja dirigindo a 80 km/h e ontem estivesse a 110 km/h. Isso não significa que você está regredindo. Pode significar que a estrada de hoje exige que você diminua a velocidade e admire a paisagem *dirigindo pelo litoral com o oceano ao seu lado* ou navegue com cuidado por um terreno difícil. A velocidade não importa. Os quilômetros que você está acumulando, sim.

A pessoa ao seu lado indo mais rápido ou mais devagar? O odômetro dela está marcando números completamente diferentes porque ela começou de um lugar diferente, pegou rotas diferentes, fez paradas diferentes. A quilometragem dela não tem nada a ver com a sua jornada. Tenha uma boa viagem.

Compare o seu odômetro com o SEU odômetro de ontem. Essa é a única comparação que significa alguma coisa.

A Ilusão da Propriedade da Faixa

E enquanto estamos desafiando a falsa competição, vamos abordar outra ilusão que você carrega: a propriedade do espaço público.

Você está dirigindo como de costume, voltando do trabalho. Você só quer chegar a tempo para encontrar seu parceiro, que está esperando por você em casa para irem ao cinema. Você se distraiu momentaneamente e, de repente, não percebeu um carro entrando na sua frente—você pisou no freio com força, mas acabou batendo na traseira dele.

Acidente leve. Ninguém se feriu. Os planos? Já eram. O filme terá que esperar. Todos se certificam de que o outro motorista está bem. O seguro chega. O guarda de trânsito também. Você conta sua história ao oficial. "Eu estava dirigindo abaixo do limite de velocidade e, de repente, este carro entrou na minha faixa. Eu simplesmente não consegui frear a tempo..."

Bem ali. Vamos ampliar a visão. A história real não é sobre o acidente essa hipótese foi apenas para apontar algo. *Sua faixa?*

Quando foi que aquela faixa se tornou sua? Você a comprou? Seu nome está no título? Você recebe documentos de escritura quando entra na rodovia?

As faixas são públicas. Elas pertencem a todos. Aquele outro motorista tem tanto direito àquela faixa quanto você.

Mas aqui está o que acontece quando você pensa que é o dono da faixa: a fúria no trânsito. No momento em que você acredita que aquele espaço é SEU, qualquer carro que entre nele parece uma violação. Como alguém invadindo sua casa. Seus níveis de estresse disparam porque alguém *tirou* algo de você.

Só que não tiraram. Porque nunca foi seu, para começar.

Não estou dizendo que você tem que amar quando alguém entra na sua frente sem dar seta ou te fecha. Estou dizendo que a intensidade da sua raiva é diretamente proporcional ao quanto de propriedade você sente sobre o espaço público.

Diminuindo a Fúria no Trânsito

Olha, eu não vou te dizer para nunca buzinar ou nunca ficar frustrado. Isso não é realista e, honestamente, nem é o objetivo (e eu seria um exemplo terrível se dissesse o contrário).

Às vezes você DEVE buzinar. Se alguém está prestes a bater em você, buzine. Se alguém não percebeu que o sinal abriu e o trânsito está parando, uma buzinada rápida ajuda. Se alguém está derivando para a sua faixa, buzine por segurança.

O objetivo não é zero fúria no trânsito. O objetivo é talvez 10% de fúria em vez de 90%.

Seja humano. Fique irritado de vez em quando. Mas seja intencional sobre isso. Pergunte a si mesmo: "Esta buzinada é por segurança ou pelo meu ego?". Considere também os outros e, ocasionalmente, buzine por eles, pela segurança deles. Às vezes eles precisam.

Se um carro te fecha e você senta o dedo na buzina por 10 segundos enquanto grita, isso é ego. Você não está evitando um acidente naquele momento—o carro já te fechou. Você está apenas punindo-o por desrespeitar a *sua* faixa. A vingança é algo engraçado. E sempre tem alguém assistindo.

Sua buzinada não mudará o comportamento dele. Ele ou não vai se importar, ou vai ficar na defensiva, ou vai te mostrar o dedo do meio. Ninguém nunca teve um momento de fúria no trânsito e pensou: "Sabe de uma coisa, aquela buzina raivosa realmente me ensinou uma lição valiosa sobre mudar de faixa."

A Única Coordenada que Importa

Então vamos estabelecer a regra fundamental para toda esta jornada:

Você é o seu próprio [0,0] em sua coordenada [x, y].

Tudo ao seu redor—velocidade, sucesso, inteligência, beleza, riqueza—está sendo medido em relação à SUA posição. E isso não é arrogância. É apenas física. Você não pode medir nada sem um ponto de referência, e você é o SEU ponto de referência.

As outras pessoas são os pontos de referência DELAS. Elas estão medindo você em relação a elas, assim como você as está medindo em relação a você.

Ninguém está errado. Todos estão apenas percorrendo sua própria rota, no seu próprio ritmo, com seu próprio odômetro mostrando números diferentes.

O problema não é que você seja o centro do seu próprio universo. O problema é achar que você deveria ser o centro do universo de

TODO MUNDO. Ou pior, acreditar que existe algum placar objetivo no céu avaliando o desempenho de direção de todos.

Não existe.

Não há exame.

Então, pare de comparar sua velocidade com a dos outros. Pare de achar que você é o dono da faixa. Pare de buzinar para cada afronta percebida. Foque na SUA rota, no SEU progresso, no SEU odômetro comparado a onde ele estava ontem.

É por aí que estamos começando. Bem aqui. Nas SUAS coordenadas.

Pronto para continuar?

Capítulo 2

10.000 RETROVISORES

Diferente de qualquer outra coisa em sua vida, seu carro revela diferentes versões de quem você é.

Lembre-se de todas as vezes que você teve passageiros. Crianças no banco de trás a caminho da escola. Um cônjuge no banco do carona durante uma viagem. Pais idosos a caminho de uma consulta médica. Amigos se amontoando para uma escapada de fim de semana. Um colega de trabalho a quem você deu carona quando o carro dele estava no conserto.

Cada um deles conheceu um motorista completamente diferente. Um mundo diferente sob a perspectiva do passageiro.

Não porque você estava sendo falso. Não porque estava dando um show. Mas diferentes situações, diferentes passageiros e diferentes estradas trazem à tona diferentes versões de quem você é ao volante.

Passageiros Diferentes, Motoristas Diferentes

Se você tem filhos, pense naquelas viagens em família. Você está segurando o volante com força excessiva, preocupando-se em voz alta com o dinheiro da gasolina. Você dá broncas neles para "pararem de brigar aí atrás" porque o trânsito está te estressando.

Há uma tensão na sua voz quando você se perde e se recusa a confiar no GPS. Você acha que eles estão focados no destino—a praia, o parque de diversões, as montanhas. Mas não estão.

Eles estão focados em você. As crianças absorvem tudo. Elas estão observando o motorista. Porque o motorista controla a segurança delas, o conforto delas, toda a experiência dentro daquele carro.

Elas não estão pensando para onde estão indo. Elas estão observando como você as está levando até lá.

Agora pense no seu cônjuge ou parceiro no banco do carona.

Eles veem um motorista completamente diferente do que seus filhos veem. Eles veem você fazendo mudanças rápidas de rota quando está atrasado—trocando de faixa de forma agressiva, pegando atalhos, forçando o sinal amarelo. Mas eles também veem você no estacionamento, levando um tempo extra para estacionar de ré perfeitamente porque você não quer deixar o carro torto.

Eles veem o seu lado impaciente e o seu lado meticuloso na mesma viagem.

Seus filhos só veem o *motorista estressado*. Seu cônjuge vê as nuances —a competência misturada com a impaciência, o cuidado misturado com a frustração. Eles sabem que você não é apenas um motorista; você é vários motoristas, dependendo do contexto.

E quando seus pais idosos estão no carro? De repente, você é um motorista inteiramente diferente.

Você desacelera no sinal amarelo em vez de acelerar para passar. Você deixa um espaço extra entre você e o carro da frente. Evita trocar de faixa, a menos que seja absolutamente necessário. Você narra suas decisões de direção em voz alta: "Vou entrar na faixa agora, só vou deixar aquele carro passar primeiro."

Isso não é falsidade. É adequação. É você adaptando sua direção às necessidades de seus passageiros.

Mas se seus filhos pudessem ver ESTA versão de você, eles mal reconheceriam o motorista. Onde está a pessoa que grita com motoristas lentos e corta caminho por ruelas para economizar três minutos?

E então há as viagens de fim de semana com amigos—janelas abertas, música alta, pegando a rota panorâmica porque ninguém tem pressa. Você está dirigindo a 20 km/h abaixo do limite de velocidade só para aproveitar a vista. Você para em lanchonetes de beira de estrada aleatórias. Você ri das entradas erradas em vez de se estressar com elas.

Seu cônjuge ficaria chocado. "Desde quando você gosta de se perder?"

Mas você não é uma pessoa diferente. Você é apenas um motorista diferente em um contexto diferente, com passageiros diferentes e riscos diferentes.

Toda semana, às 14h, você está na fila de busca na escola. Paciente. Focado na segurança. Avançando lentamente. Dando passagem para outros pais. Certificando-se de que nenhuma criança corra atrás do seu carro.

Mas três horas depois, você está saindo do trabalho no trânsito do horário de pico. O jogo começou. Mudando de faixa agressivamente porque você precisa chegar em casa, fazer o jantar e levar os filhos para o treino de futebol às 18h.

O mesmo motorista. O mesmo dia. Abordagens completamente diferentes.

Então, qual delas é o *verdadeiro* você?

Todas elas.

Cada uma das versões é autêntica. Você não está usando uma máscara—você está respondendo a diferentes estradas, diferentes passageiros, diferentes circunstâncias.

Se você tentasse dirigir de uma forma que satisfizesse a TODOS os seus passageiros do passado ao mesmo tempo, você ficaria paralisado. É insano até mesmo tentar.

Seus filhos gostariam que você fosse calmo e relaxado. Seu cônjuge quereria que fosse decidido e eficiente. Seus pais idosos queriam que fosse cauteloso e lento. Seus amigos queriam que fosse espontâneo e divertido.

Você precisaria ser 10.000 motoristas diferentes para impressionar todos que já estiveram em seu carro.

A Versão Perfeita Impossível

Criamos essa versão idealizada em nossas cabeças *o* motorista perfeito

—que deixaria todos felizes. Calmo, mas decidido. Paciente, mas eficiente. Cuidadoso, mas espontâneo.

E então nos esgotamos tentando SER essa versão para todos, o tempo todo.

Achamos que todos estão nos avaliando com base no quão perto chegamos dessa versão perfeita. Imaginamos nossos passageiros comparando notas: "Quando andei com eles, estavam muito estressados. O que aconteceu com a versão divertida e relaxada que deveriam ser?"

Essa versão perfeita universal não existe. Nunca existiu.

Você não está falhando em se tornar isso. Você está perseguindo algo que, para começar, nunca foi possível.

Seus filhos não precisam da versão divertida da viagem de férias quando estão com medo no banco de trás durante uma tempestade—eles precisam da versão confiante do *eu dou conta disso*. Seus pais idosos não precisam da versão eficiente—eles precisam da versão paciente e cuidadosa. Seu cônjuge não precisa da versão sempre feliz—eles precisam da versão honesta e autêntica.

Não existe um exame avaliando se você se tornou a versão *correta* de si mesmo. Existem apenas estradas diferentes exigindo abordagens diferentes, e passageiros diferentes precisando de coisas diferentes de você.

Pare de tentar aperfeiçoar um *você* universal. Comece a reconhecer qual versão serve genuinamente ao momento em que você está.

Escolhendo Seus Passageiros

Você não pode ser todas as versões ao mesmo tempo. Mas pode escolher qual versão melhor lhe serve para a rota em que está agora.

Se você está levando seus filhos a algum lugar, talvez canalize a versão paciente, que narra cada decisão, em vez da versão estressada e apressada. Não porque uma seja *real* e a outra seja falsa, mas porque uma cria memórias melhores para os passageiros que mais importam naquela viagem em particular.

Se você está dirigindo sozinho para clarear a mente, talvez canalize a versão da rota panorâmica em vez da versão da eficiência agressiva.

Não porque você *deveria* relaxar, mas porque essa versão pode realmente atender melhor às suas necessidades naquele momento.

Algumas pessoas despertam comportamentos de direção em você de que você não gosta particularmente.

Talvez haja um passageiro que faz você se sentir julgado, então você dirige com mais cautela do que o necessário—questionando cada mudança de faixa, explicando demais cada decisão. Ou talvez haja um passageiro que faz você se sentir competitivo, então você dirige de forma mais agressiva para provar algo.

A questão não é "Qual versão é o verdadeiro eu?" A questão é: "Qual versão eu quero ser e quem eu quero que viaje comigo?"

Você escolhe quem entra em seu carro. Você escolhe quem vai no banco do carona. Você escolhe quem influencia sua direção.

Alguns passageiros fazem de você um motorista melhor. Alguns passageiros te estressam. De alguns passageiros você gosta de ter por perto. Para alguns passageiros, você só está dando carona por obrigação.

Não há um exame avaliando quais passageiros você deve manter ou qual versão de si mesmo você deve ser. Mas há uma escolha sobre quem tem acesso ao seu carro e quais rotas você faz com eles.

Deixe-os Ficar com a Versão Deles

Algo que pode te deixar desconfortável: as pessoas em sua vida já formaram a versão delas de você. E você não tem ideia de como essa versão é. É como quando você se ouve em uma gravação. Pode não corresponder à versão que você acha que é—ou à versão que está tentando mostrar a elas.

Digamos que seu filho conte uma história no Dia de Ação de Graças: "Lembra daquela viagem em que o papai ficou tão perdido que acabamos naquela lanchonete estranha? Foi hilário!"

Mas você se lembra de forma diferente. Você não estava perdido— você fez um desvio deliberado. E você estava estressado ao extremo, não se divertindo.

Você tem duas escolhas:

Opção A: Corrigi-los. "Na verdade, eu não estava perdido. Eu estava pegando uma rota panorâmica, e estava bem estressado com isso, não estava rindo."

Opção B: Deixá-los ficar com a versão deles. Porque na memória DELES, aquele momento é feliz. Eles se lembram de rir com os irmãos. Eles se lembram da lanchonete peculiar. Eles se lembram de você como parte de uma aventura, não de um erro.

Por que você tiraria isso deles apenas para estar tecnicamente correto?

A versão deles os preenche, não a sua versão corrigida. A memória *distorcida* que eles têm de você é o que eles amam. É o que precisam daquele momento. Sua versão corrigida não serve a eles—serve à necessidade do seu ego de ser compreendido com precisão.

Isso se aplica a todos. Seu cônjuge se lembra da versão de você que importa para eles na história deles—muitas vezes uma versão da qual você nem mesmo tem consciência, uma versão que você não percebeu que é. A pessoa incrível com quem eles se casaram. Aquele que os faz sentir seguros, ou vistos, ou desafiados na medida certa. Seus pais se lembram da versão que se encaixa na experiência deles. Seus amigos se lembram da versão da época da vida deles em que você estava presente.

Você não pode forçá-los a atualizar a versão deles para corresponder à sua realidade atual. E, honestamente, por que você iria querer?

Deixe as pessoas guardarem a versão delas de você. Desde que não seja prejudicial, desde que traga a elas algo de que precisam, deixe que fiquem com ela.

Você não é um motorista fixo capturado perfeitamente na memória de todos. Você é 10.000 versões em 10.000 memórias distintas, e cada uma dessas versões é real. Elas estão aqui para ficar nessas memórias, quer você goste ou não.

Não há exame que exija que você corrija a memória de todos para corresponder à sua história oficial.

Você Não Está Preso

Você não é um motorista fixo. Você é uma coleção de estilos de direção que aparecem em diferentes contextos.

Mas só porque você PODE dirigir estressado, impaciente e preocupado não significa que TENHA QUE continuar dirigindo assim—especialmente se não for benéfico para você ou para os passageiros com quem você realmente se importa.

Você não pode controlar como seus passageiros do passado se lembram de você. Seus filhos podem se lembrar da versão estressada, mesmo que você tenha tentado o seu melhor. Isso não está sob seu controle.

Mas você pode controlar como dirige daqui para frente. Você pode decidir qual versão aparecerá com mais frequência. Pode decidir quais passageiros terão acesso regular ao seu carro.

Você não está preso a ser o motorista que todos os outros vivenciaram. Você pode escolher qual versão assume o volante amanhã.

Não há um exame no final avaliando se você escolheu *corretamente*. Há apenas você, seu carro, sua rota e os passageiros que você decide trazer junto.

Então, quem você quer ser atrás desse volante?

Parte Dois

ENTRADA NA RODOVIA

Entrando na rodovia, percebendo como você aprendeu a dirigir.

Capítulo 3

AS ROTAS QUE TE ENSINARAM

Lembra-se de quando aprendeu pela primeira vez tudo o que sabe sobre dirigir? Não falo apenas da mecânica—como girar o volante, pisar nos pedais, checar os retrovisores. Estou falando das outras coisas. Das regras não escritas. Dos instintos. Das reações viscerais que você tem quando alguém lhe fecha no trânsito ou quando vê uma vaga de estacionamento livre.

De onde veio tudo isso?

Como o Conhecimento se Espalha

Pense, por exemplo, em um lápis.

Você sabe que pode escrever com ele, mas como sabe disso? Seu professor lhe disse, talvez seus pais. Mas esse conhecimento específico se tornou *viral* há milhares de anos. E antes do seu professor, alguém o ensinou. E antes disso, outra pessoa. Voltando centenas, talvez milhares de anos—o *vírus do conhecimento* do lápis ainda está vivo, ainda se espalhando, ainda transmitindo a mesma ideia básica: esta ferramenta faz marcas no papel.

Quero dizer, agora nós literalmente sabemos o que significa *viralizar*.

(Eu sei que alguns podem ter bloqueado o ano de 2020 da memória, mas experimentamos em primeira mão como algo literalmente se torna viral.)

Se você teve COVID, imagine quantas pessoas antes de você carregaram a mesma cepa do vírus que a sua. Se você retroceder, há uma origem, o paciente zero, e então a coisa *viralizou* de várias pessoas até chegar a você. Tecnicamente, esse vírus passou por muitas e muitas pessoas, como se você fosse a 73ª geração.

O conhecimento funciona da mesma maneira. Ele se espalha de pessoa para pessoa, de geração para geração, cada uma passando-o adiante e, na maioria das vezes, sem questionar de onde veio originalmente.

É assim que basicamente aprendemos tudo.

Os Hábitos de Direção que Você Herdou

Você aprendeu a dirigir em uma autoescola—onde lhe ensinaram as regras oficiais (e talvez algumas implicâncias pessoais dos instrutores). Com seus pais, que lhe ensinaram pelo exemplo toda vez que você se sentava no banco de trás observando-os. Com a sua cultura, que lhe ensinou que certos comportamentos ao dirigir significam certas coisas. Com os filmes, que lhe mostraram como é uma direção *descolada*, como é uma direção *agressiva*, como é o *sucesso* na estrada.

Nada disso é neutro. Tudo isso é programação.

Mudanças de faixa competitivas? Você aprendeu isso. Talvez observando sua mãe ou seu pai serpenteando pelo tráfego para *ganhar tempo*. Talvez em filmes onde o herói sempre dirige como um foguete. Talvez pela cultura de direção da sua cidade, onde qualquer hesitação faz você levar uma buzinada.

Vagas de estacionamento que conferem status? Você aprendeu isso também. Chegar primeiro. Estacionar perto da entrada. Ter a *melhor* vaga. Nada disso é objetivamente melhor—é apenas uma hierarquia que alguém inventou e todos concordaram em impor.

Hierarquia na estrada? Caminhões devem ficar à direita. Carros esportivos podem correr. Minivans são chatas. Carros de luxo merecem respeito. Veículos elétricos são para ambientalistas (ou para quem gosta de novas tecnologias, dependendo de qual vírus você pegou).

Tudo aprendido. Tudo transmitido. Tudo aceito sem questionamento.

Alguém lhe Disse para se Sentir Superior

Neil deGrasse Tyson—astrofísico, comunicador científico, alguém que admiro profundamente pela forma como abraça ideias—escreveu algo sobre competição em seu livro *Starry Messenger* que se aplica perfeitamente aqui:

> As Olimpíadas devem sua existência à busca por pessoas que tenham um desempenho mais rápido, mais alto e mais forte entre nós. Exames padronizados, game shows, concursos de beleza, audições de talentos e a Forbes 400, todos colocam humanos contra humanos, por ordem de classificação. A sociedade oferece centenas, senão milhares de maneiras de mostrar que você é melhor do que os outros.[1]

E então ele disse algo que deveria fazer todos nós pararmos para pensar:

> "Você se sente superior porque alguém lhe disse que não havia problema em se sentir assim."[2]

Leia isso de novo.

Você não acordou um dia sentindo-se naturalmente melhor do que o motorista lento que está obstruindo a faixa da esquerda quando deveria estar na direita. Alguém lhe ensinou que motoristas lentos na faixa da esquerda estão *errados*, mesmo que estejam dirigindo no limite de velocidade e, portanto, você (o motorista mais rápido e *correto*) é superior.

Você não sabia inerentemente que ultrapassar mais carros significa vencer. Alguém lhe ensinou que chegar à frente = sucesso.

A competição foi instalada em você. Como um software. Como um vírus.

A Economia da Atenção da Minha Cidade Natal

Deixe-me dar um exemplo pessoal de onde nasci.

Eu cresci em Monterrey, no México, e existe um vírus cultural profundamente enraizado por lá. Nós nos autodenominamos competidores e trabalhadores esforçados, e nos gabamos disso com orgulho—mas talvez estejamos apenas mascarando a necessidade de atenção e validação para nos sentirmos superiores aos outros.

Funciona assim: se alguém tem algo que recebe atenção, você precisa de algo melhor, maior (geralmente mais caro) para obter *ou roubar* os holofotes para si.

Seu amigo compra um carro que as pessoas notam? Você vai procurar uma caminhonete que as pessoas notem mais.

Seu vizinho dá uma festa da qual todos estão falando? Você precisa dar uma que se torne o novo padrão.

Isso vale para tudo. Casamentos. *Quinceañeras*. Cargos profissionais. Tamanho das casas. Times esportivos.

E aqui está a parte distorcida: sua alegria torna-se relativa ao fato de fazer os outros se sentirem menos.

Não basta estar feliz com o seu carro—você precisa saber que o seu carro recebe mais atenção do que o do seu amigo. Não basta dar uma festa maravilhosa—você precisa que as pessoas digam que foi melhor do que a anterior, para que o anfitrião anterior se sinta superado.

E não é apenas com eventos e posses. Torna-se ainda mais pessoal:

" Quando você vai se casar?" "Quando vai ter filhos?" "Seu primo já tem dois filhos, o que você está esperando?" "Seu irmão acabou de ser promovido, como vai o seu trabalho?"

Essa comparação constante não vem de algum sistema de medição objetivo. É o mesmo vírus cultural se espalhando pelas famílias, convencendo a todos de que seu valor é medido por atingir os mesmos marcos—e atingi-los de forma mais impressionante do que todos os outros.

Existe até um experimento mental que expõe isso perfeitamente: "Você preferiria ter uma casa de 300.000 dólares onde todos os outros têm casas de 200.000 dólares, ou uma casa de 500.000 dólares onde todos os outros têm casas de 1.000.000 de dólares?"

Racionalmente, a casa de meio milhão de dólares é objetivamente melhor. Maior, mais bonita, mais valiosa.

Mas a maioria das pessoas escolhe a casa de 300.000 dólares. Porque naquele bairro, elas estão vencendo. Estão no topo. A abundância não importa se você não for relativamente superior. Elas têm a casa mais bonita do quarteirão—estão recebendo toda a atenção.

No bairro de um milhão de dólares, elas estão na base. Têm a *pior* casa. Mesmo que ainda seja uma mansão por qualquer medida objetiva, ninguém lhes presta atenção.

Essa preferência—ser relativamente superior em vez de objetivamente melhor—é aprendida. É um vírus cultural. E torna as pessoas infelizes.

Isso não se aplica a todos, e não é apenas em Monterrey. Mas é o que conheço por ter crescido lá.

Sinais de Status que Fomos Ensinados a Valorizar

Já percebeu como algumas pessoas só compram café caro do lugar que está na moda, quando poderiam fazer café em casa por uma fração do preço (mas sem o copo de marca)?

Não é pelo café. É por entrar no escritório com aquele copo específico. É por ser visto como alguém que pode pagar pelo café *chique* do lugar de que todos estão falando. É sinalização de status.

O mesmo acontece com roupas de marca onde o logotipo é enorme e visível. Você não está comprando a qualidade (uma camiseta simples é igualmente funcional)—você está comprando o sinal. Você está dizendo: "Eu posso pagar por esta marca, o que significa que estou acima de quem não pode."

E você sempre pode notar quando alguém ficou rico da noite para o dia, porque de repente essa pessoa está usando logotipos enormes e padrões de marcas por toda a roupa. Elas precisam mostrar à multidão que podem pagar. Parecem totens de marcas de luxo ambulantes.

Ninguém nasce se importando com logotipos. Isso é aprendido. Esse é um vírus que alguém espalhou e você pegou.

Na época do meu ensino médio, certa vez eu estava com alguns amigos na minha cidade natal. Estávamos terminando o dia depois de andarmos de skate o tempo todo (não havia internet naquela época, então socializávamos ao ar livre—tempos loucos, não?). Estávamos sentados na garagem da casa do meu amigo e havia um carro estacionado no vizinho.

Não me lembro dos detalhes exatos, mas a conversa nos levou a percebê-lo apenas como um carro de formato padrão. Cinza. Chato. Ficamos tipo: "É, é só um sedan."

Mas então um amigo passou por perto para jogar fora o cigarro e percebeu que era um BMW e, de repente, começou a dizer: "Nossa, olha só, que carro incrível!"

A marca o fez pensar daquela forma. Não o carro em si. Não nada objetivamente diferente em sua aparência ou função. Apenas o logotipo. Apenas o conhecimento de que ele *deveria ser* impressionante.

Esse é o vírus em ação. Não nos importávamos com o carro até sabermos que era caro. Então passamos a nos importar porque deveríamos nos importar.

Quando Você se Pega se Importando

A programação cultural é eficaz porque opera silenciosamente. Você não percebe quando ela está sendo instalada. Você apenas sente a reação e assume que ela é sua.

Mas você pode aprender a identificá-la no momento.

Você está em um semáforo e um carro de luxo para ao seu lado. Algo acontece no seu cérebro—um julgamento automático sobre o motorista, talvez um lampejo de inveja ou uma sensação de superioridade, dependendo do que você está dirigindo. Essa reação não foi sua. Foi programada em você.

Você vê as fotos das férias de alguém nas redes sociais. Antes mesmo de pensar a respeito, você está comparando a viagem deles com a sua, especialmente se você já esteve lá há algum tempo, sentindo-se como se estivesse para trás, planejando mentalmente as próximas férias ainda mais impressionantes para postar. Esse reflexo de comparação não era seu. Foi instalado.

A programação aparece na fração de segundo entre ver algo e sentir algo a respeito. Esse intervalo—é ali onde vivem as crenças instaladas.

Você não pode apagar a programação cultural completamente. É profundo demais. Automático demais. Reforçado demais por tudo ao seu redor.

Mas você pode aprender a reconhecê-la. E o reconhecimento muda tudo.

Quando você se pegar julgando o carro, a casa, a roupa ou o trabalho de alguém, você pode pausar e perguntar: "Onde aprendi que isso importa?" Comece a investigar a origem das suas próprias crenças.

Quando sentir o desejo de superar a história de alguém, você pode notar: "Eu realmente quero compartilhar isso ou estou apenas tentando estabelecer uma hierarquia?"

Quando começar a comparar sua vida com os melhores momentos de outra pessoa, você pode se flagrar: "Quem me ensinou a medir meu valor desta maneira?"

Você nem sempre escolherá diferente. Às vezes, reconhecerá a programação e ainda assim seguirá suas instruções porque é mais fácil, ou porque todos os outros também as seguem, ou porque você está cansado demais para resistir.

Mas o reconhecimento quebra o piloto automático. Ele cria um momento de escolha onde antes havia apenas uma reação automática. E esse momento—é aí que a liberdade começa.

Você Pode Desaprender

Aqui está a boa notícia: se essas ideias foram aprendidas, elas podem ser desaprendidas.

Você não está preso aos hábitos de direção que herdou. Você não é obrigado a competir só porque todos ao seu redor estão competindo. Você não tem a obrigação de se sentir superior apenas porque sua cultura disse que não tem problema.

Você pode reconhecer a programação pelo que ela é—uma ideia que foi transmitida a você sem a sua permissão—e decidir se deseja mantê-la.

Algumas programações culturais são úteis. Leis de trânsito existem por boas razões. Normas sociais sobre cortesia básica fazem a sociedade funcionar.

Mas mudanças de faixa competitivas? Estacionamento de status? Sentir-se superior porque você dirige de certa maneira ou porque tem um teto solar?

Essas coisas são opcionais. E estão tornando você infeliz.

Então, como você realmente começa a desaprender?

Comece com a consciência. Você acabou de praticar isso na última seção. Perceba quando a programação está rodando. Não a julgue. Não lute contra ela imediatamente. Apenas observe-a. "Ah, lá vem aquela comparação automática de status novamente."

Depois, questione-a. Ao flagrar a programação em execução, pergunte-se: "E se eu não me importasse com isso?" Não como um compromisso de parar de se importar para sempre—apenas como um experimento. E se o carro daquela pessoa não importasse? E se você não precisasse das férias impressionantes? E se você apenas... deixasse ser? O mundo não acaba. Geralmente, nada acontece.

Então tente escolher diferente uma única vez. Não como uma nova regra. Não como uma mudança permanente. Apenas uma vez. Alguém está falando de algo de que se orgulha. Em vez de mencionar sua própria conquista, apenas diga: "Que ótimo." Só isso. Não diga "você fez o meu dia", nem transforme isso em algo sobre você mesmo. Apenas um reconhecimento simples. Veja o que acontece. Geralmente? Eles continuam falando. Eles não percebem que você não competiu. A hierarquia que você achava que precisava estabelecer não era realmente necessária.

Observe como você se sente. Quando você não participa de uma comparação na qual normalmente se envolveria, quando não compra o item de status que normalmente compraria, quando não julga alguém que normalmente julgaria—preste atenção ao sentimento. Às vezes é um alívio. Às vezes é liberdade. Às vezes é desconfortável porque a programação ainda está lá, ainda insistindo que isso importa. Todos esses sentimentos são informações.

Isso é desaprender. Não é apagar o código. Não é substituí-lo por um código diferente. É apenas reconhecer que é um código e decidir se você quer executá-lo.

Você pode escolher parar de participar de competições em que nunca concordou em entrar. Você pode escolher parar de medir sua felicidade em relação à vida de outras pessoas. Você pode escolher dirigir sua própria rota sem se preocupar se está *à frente* ou *atrás* de qualquer outra pessoa.

Não há um exame avaliando se você está acompanhando as pessoas certas ou seguindo o roteiro cultural correto.

Mas existe uma escolha: continuar executando o software que outra pessoa instalou ou começar a escrever seu próprio código.

Capítulo 4

A ARMADILHA DA VELOCIDADE

Saber o que os outros pensavam de nós costumava exigir um retorno real. Agora, recebemos métricas instantâneas: curtidas, visualizações, compartilhamentos. E nos tornamos viciados no placar de uma corrida que não concordamos em disputar.

Por que estamos correndo? Quem nos disse que precisávamos ser o carro mais rápido da rodovia? Quando foi que registrar nossas vidas se tornou mais importante do que vivê-las?

A Evolução dos Shows

Existe um exemplo perfeito de como essa mudança aconteceu, e você pode acompanhá-la através dos shows nos últimos 40 anos:

- Anos 80: As pessoas iam aos shows com as mãos para o alto, isqueiros acesos na escuridão. Elas estavam vivenciando a música. Estavam NO momento. O objetivo era sentir a música, fazer parte da energia da multidão, conectar-se com a apresentação.
- Anos 90: As câmeras surgiram. As pessoas começaram a tirar fotos dos membros da banda. Na maioria das vezes, era

proibido entrar com câmeras em um show. Mas, quando se podia, as fotos serviam para lembrar daquela noite mais tarde. Para olhar para trás e dizer: "Eu os vi ao vivo."A experiência ainda era primordial. O registro era secundário.

- Anos 2000: Os celulares ganharam câmeras. Agora as pessoas gravavam músicas inteiras—imagens pixeladas, áudio terrível, filmagens trêmulas que elas nunca assistiriam de fato novamente. Mas ainda estavam, em grande parte, assistindo ao show enquanto gravavam. O telefone era um complemento à experiência.

- Anos 2010: Os smartphones melhoraram. Agora as pessoas tiravam selfies COM a banda ao fundo. Percebe a mudança? A banda se tornou o cenário. O show não era mais sobre a apresentação—era sobre provar que VOCÊ estava na apresentação. O registro estava se tornando equivalente à experiência.

- Anos 2020: E agora? Agora, as pessoas filmam a si mesmas durante todo o concerto. A câmera voltada para elas, a banda desaparecendo no horizonte atrás do celular. Os artistas não importam—nós somos os protagonistas do nosso próprio evento chamado *ir a um show*. Elas não estão assistindo ao espetáculo. Estão assistindo à própria tela capturando a si mesmas no espetáculo.

Nós nos tornamos a história. A banda é irrelevante.

O show não é mais o destino. O show é apenas o cenário para o seu conteúdo. Para o seu story. Para a sua prova de que você está vivendo uma vida interessante pela qual os outros deveriam se impressionar.

Todo Mundo Atuando, Ninguém Assistindo

Há um vídeo que viralizou alguns anos atrás. O mais triste é que ele se repete a cada ano. Véspera de Ano Novo em Paris. Milhares de pessoas reunidas ao redor do *Arc de Triomphe* para a celebração da meia-noite.

A câmera percorre a multidão. Cada pessoa está com o celular para cima, gravando. Todo mundo.

Não assistindo. Gravando.

Ninguém está vivenciando o momento que viajou milhares de quilômetros para ver. Estão todos assistindo através de uma tela de 6 polegadas, garantindo o registro para pessoas que não estão lá.

Então, se todo mundo está gravando e ninguém está assistindo, qual é o sentido de estar lá?

Para quem eles estão gravando? Para as pessoas que não foram? Por que essas pessoas se importariam com uma filmagem trêmula de celular de algo que não vivenciaram?

A resposta: estão gravando para provar que estiveram lá. Para provar que sua vida é interessante. Para coletar evidências de que estão vencendo a corrida.

Vá a qualquer academia agora. Observe o que acontece.

Alguém posiciona o celular para gravar o treino. Não para conferir a execução. Não para acompanhar o progresso. Para postar. Para mostrar a todos que está malhando. Que está focado. Que é melhor do que as pessoas que não estão na academia.

E aqui é onde a coisa se revela de verdade: eles expulsam as pessoas do ângulo da câmera. Ficam irritados se alguém passa pelo enquadramento. Recomeçam a série porque alguém *estragou* o vídeo.

E então *aqui piora ainda mais* postam o vídeo expondo a pessoa que ousou interromper a gravação. Como ela se atreve a usar a academia pública enquanto alguém está filmando conteúdo? Humilham estranhos na internet pelo crime de... existir em um espaço compartilhado. (Um salve para Joey Swoll *fisiculturista e influenciador fitness* por começar o movimento *Cuide da Sua Vida* para denunciar esse comportamento.)

O treino se torna secundário ao registro do treino.

Eles não estão lá para ficarem mais fortes. Estão lá para serem vistos ficando mais fortes. Não estão competindo contra seu desempenho anterior—estão competindo por atenção, por validação, por provas de que estão à frente na corrida.

Onde Está o Reality Show?

As redes sociais mudaram a dinâmica de como nos vemos. Elas nos ensinaram que somos todos o personagem principal do nosso próprio filme, e que todos os outros deveriam estar assistindo.

Não estamos apenas vivendo nossas vidas. Estamos encenando nossas vidas. Estamos curando nossas vidas. Estamos editando nossas vidas para uma audiência que pode, ou não, se importar de verdade.

Agimos como se fôssemos participantes de um jogo no qual nunca nos inscrevemos—competidores de um reality show, constantemente conscientes da câmera, ajustando nosso comportamento para os espectadores, medindo nosso valor pela audiência.

Mas a verdade desconfortável é: ninguém está assistindo tão de perto quanto você pensa.

Seus seguidores não estão estudando seus posts. Eles estão deslizando a tela. Estão prestando meia atenção enquanto esperam na fila do café. Consumindo seu conteúdo da mesma forma que você consome o deles—rapidamente, sem pensar, já esquecendo antes mesmo de passar para a próxima postagem.

Psicólogos chamam isso de efeito holofote. Você assume que está no palco, que todos notam sua aparência, seus erros, suas escolhas de vida. A verdade? Todo mundo está preocupado demais consigo mesmo para se preocupar com você. Eles não são a plateia assistindo ao seu filme—são os protagonistas de seus próprios filmes, mal percebendo que você existe além de um cenário de fundo.

Você está correndo por atenção de pessoas que, na verdade, não estão assistindo à corrida.

Deslize para Atualizar

Então, por que não conseguimos parar? Por que continuamos conferindo? Por que parece tão difícil simplesmente largar o celular?

Porque o sistema é projetado para te fisgar.

As plataformas de mídia social não são apenas aplicativos—são máquinas caça-níqueis no seu bolso. E elas usam exatamente o mesmo mecanismo psicológico que torna o jogo viciante: o reforço intermitente.

Funciona assim: Você posta algo. Não sabe qual será o desempenho. Talvez consiga 10 curtidas. Talvez 100. Talvez 1.000. Essa incerteza cria antecipação. E a antecipação libera dopamina.

Cada vez que você olha o celular, está puxando a alavanca de um caça-níqueis. Às vezes você ganha (notificações! curtidas! comentários!). Às vezes não. Mas a possibilidade de que ESTA vez seja a grande vitória te mantém verificando.

A descarga de dopamina nem vem das curtidas em si—vem da antecipação de talvez recebê-las. É por isso que você continua atualizando. É por isso que você confere cinco minutos depois de postar. É por isso que se sente ansioso quando um post não rende o que você esperava.

Você não é fraco. Você não está viciado porque lhe falta força de vontade. Você está enfrentando uma indústria de bilhões de dólares que projetou essas plataformas especificamente para serem o mais viciantes possível. Eles contratam neurocientistas e psicólogos comportamentais cujo trabalho integral é descobrir como manter você deslizando a tela.

O ícone de notificação vermelho? Projetado para gerar urgência. A rolagem infinita? Projetada para eliminar pontos de parada. O indicador de *visto*? Projetado para criar pressão social para responder imediatamente. O algoritmo mostrando conteúdo que te irrita? Projetado para manter seu engajamento, mesmo que isso te deixe infeliz.

Cada recurso é otimizado para uma coisa: manter você na plataforma o máximo de tempo possível para que possam vender mais anúncios. O algoritmo governa o que você vê, o que você sente e o que fará em seguida.

E funciona porque a dopamina não se importa com o seu bem-estar. A dopamina se importa com a previsão de recompensa. Sua mente não distingue entre recompensas reais ou imaginárias—a dopamina dispara de qualquer jeito. E essas plataformas descobriram exatamente como hackear esse sistema.

É por isso que você pode passar duas horas deslizando a tela e se sentir pior do que quando começou. É por isso que você pode saber intelectualmente que as redes sociais te deixam ansioso, mas ainda assim não consegue parar de olhar. É por isso que deletar o aplicativo parece uma crise de abstinência.

Você não está falhando no autocontrole. Você está lutando contra um sistema projetado especificamente para anular o seu autocontrole.

Buscando Validação de Fantasmas

Então, por que fazemos isso? Por que continuamos alimentando a máquina mesmo sabendo que ela foi feita para nos explorar?

Porque, em nossa mente, buscamos a validação de que somos mais descolados que os outros. Que somos mais interessantes. Que estamos vencendo a corrida.

Cada post é uma comparação. Cada story é uma evidência. Cada curtida é um voto confirmando que sim, você está na frente, você está se saindo melhor, você merece atenção.

O show não é sobre a música—é sobre provar que você tem acesso a shows que outras pessoas não têm. O vídeo da academia não é sobre saúde—é sobre provar que você é mais disciplinado que as pessoas que não estão lá. As fotos da viagem não são sobre a viagem—são sobre provar que sua vida é mais empolgante que a das pessoas que estão passando pelos seus posts.

As redes sociais transformaram a vida em uma avaliação de desempenho. E, desde então, temos perseguido uma nota alta.

Não há juiz. Não há uma pontuação final. Não há um painel de pessoas no final da sua vida revisando seu feed do Instagram e decidindo se você viveu corretamente.

Você está correndo em uma competição que não existe, tentando impressionar pessoas que não estão prestando atenção, acumulando pontos que não significam nada.

Registro vs. Performance

Quando você para de atuar, você consegue viver de verdade. Você consegue estar presente. Consegue vivenciar momentos em vez de apenas capturar evidências de que eles aconteceram. Você recupera sua atenção. Recupera sua vida.

As pessoas estão acordando para isso. Estão percebendo que

passaram anos filmando suas vidas em vez de vivê-las. E estão mudando: compartilhar menos, vivenciar mais.

Mas deixem que eu deixe algo claro: registrar momentos não é o problema. Tirar fotos para lembrar do primeiro show do seu filho? Lindo. Gravar uma mensagem de vídeo para alguém que não pôde estar presente? Atencioso. Capturar um momento porque você genuinamente quer revisitá-lo depois? Perfeitamente normal.

O problema é quando o registro se torna apresentação.

Então, pergunte-se:

Você estava compartilhando porque queria lembrar do momento? Ou porque queria que os outros vissem você vivendo aquele momento?

Você estava registrando sua vida? Ou estava encenando sua vida?

Você estava curtindo o show? Ou estava provando que estava no show?

Não há nada de errado com a primeira opção de cada pergunta. A memória importa. A conexão importa. Compartilhar momentos significativos com pessoas de quem você gosta—isso é humano.

Mas quando cada momento vira conteúdo, quando cada experiência se torna evidência em uma competição na qual você não aceitou entrar, quando sua vida é curada para uma audiência em vez de ser vivida para você mesmo—é aí que você perdeu o rumo.

Não existe um exame avaliando se sua vida parece impressionante para estranhos na internet.

Mas existe uma escolha: continuar correndo por validação de pessoas que não estão assistindo, ou largar o telefone e realmente vivenciar o que você está fazendo.

A rodovia é longa. A paisagem vale a pena ser vista. Mas você não pode vê-la se estiver encarando uma tela que mostra o que os outros pensam de você.

Pare de competir por atenção. Pare de correr para provar que está na frente. Pare de filmar o trajeto e apenas... dirija.

Capítulo 5

QUEM ESTÁ CONTANDO OS PONTOS?

Imagine arriscar tudo o que você conquistou por causa de uma discussão com um estranho.

E eu me refiro a tudo mesmo.

A educação—todos os anos de escola, as brincadeiras no recreio, crescer admirando seu ídolo do esporte, decorar as letras do seu cantor favorito. Sair com seus amigos. O tempo com seus pais nas férias de infância. Todo o esforço deles para te colocar na faculdade. Os turnos de trabalho que você encarou para pagar os estudos. As inúmeras noites em claro, estudando para aquelas matérias impossíveis, seguindo em frente porque você estava construindo algo.

O lar que você construiu com seu parceiro ou parceira. As pessoas que te esperam em casa. Seus irmãos que te conhecem a vida inteira. Seus filhos, que nem sonham que algo possa acontecer com o herói deles. Eles dependem totalmente de você—para o estudo, para o teto, para a segurança, para o futuro.

Tudo isso. Tudo o que você construiu. Cada sacrifício que fez. Cada objetivo pelo qual trabalhou. Tudo aquilo que você deixará como legado.

Por causa de uma discussão com um estranho sobre um jogo. Ou uma fechada no trânsito. Ou sobre quem estava certo. Por causa de alguém que não é do meu convívio.

Parece loucura, não é?

Mas as pessoas fazem isso todo santo dia.

A Briga no Estádio

Você está em um jogo. Seu time marca um gol. Você comemora. O sujeito sentado atrás de você *vestindo a camisa do outro time* diz algo. Nem é para você, apenas resmungando com o amigo dele. Mas você ouviu.

Agora você tem uma escolha.

Você poderia ignorar. Curtir o jogo. Voltar para casa para sua família. Acordar amanhã com seu emprego intacto, sua saúde intacta, sua vida intacta.

Ou você pode se virar e responder. Escalar a situação. Deixar que vire uma briga. Deixar seu ego te convencer de que você precisa colocar esse estranho no lugar dele porque ele desrespeitou seu time, o que significa que ele desrespeitou você, o que significa que você precisa defender sua honra.

E então, o que acontece?

Talvez nada. Talvez ele recue. Talvez vocês dois gritem e a segurança os separe, e ambos voltem para casa sentindo que *venceram.*

Ou talvez a coisa fique física. Talvez você dê um soco. Talvez ele revide. Talvez você caia. Talvez bata a cabeça em um degrau de concreto. Talvez perca um olho. Talvez fique paralisado. Talvez vá parar na cadeia.

Por quê?

Pelo seu time? Ora, eles geralmente nem sabem que você existe. Eles não vão te visitar no hospital. Não vão pagar seus honorários advocatícios. Não vão cuidar dos seus filhos enquanto você lida com uma lesão cerebral.

Pelo seu orgulho? Quanto vale o seu orgulho? Vale a sua capacidade de andar? Vale seus filhos perderem um bom pai ou mãe por causa do insulto de um estranho? Vale seus filhos verem os pais serem presos? Vale perder o emprego por agora ter uma ficha criminal?

Pois bem, o fato é que não existe um juiz distribuindo pontos por estar certo.

Você não recebe uma nota ao final do confronto. Não há um painel revisando as imagens e declarando: "Sim, você estava correto em escalar essa situação. Aqui está seu troféu por defender sua honra." Fanfarras. Fogos de artifício. Você conseguiu!

Você só fica com as consequências. E o outro sujeito fica com as dele. E ambos arriscaram tudo por... nada.

O Confronto no Trânsito

Mesmo padrão, local diferente.

Alguém te dá uma fechada no trânsito. Talvez não tenham te visto. Talvez estejam correndo para o hospital. Talvez sejam apenas motoristas imprudentes. Não importa—você está com raiva.

Você tem a mesma escolha que o cara do estádio. Vítima ou não, tome uma decisão.

Ignore e continue dirigindo. Ou faça disso um problema.

Você acelera. Emparelha com o carro dele. Grita. Faz gestos. Pendura-se na buzina. Começa a persegui-lo. Você quer que ele saiba que estava errado. Quer que ele se sinta mal. Quer vencer esse confronto.

A parte realmente estúpida? Estar *certo* não impedirá o carro dele de atingir o seu.

Digamos que ele tenha te fechado de forma perigosa. Digamos que você esteja 100% certo e ele 100% errado, e se isso fosse para um tribunal de trânsito, o juiz ficaria totalmente do seu lado.

Parabéns. Você está certo.

Mas se o carro dele bater no seu porque você resolveu provar seu ponto não deixando ele entrar na faixa, estar certo não importa nada. Seu carro fica danificado. Você pode se ferir. Pode acabar em um hospital.

As leis da física não dão a mínima para o código de trânsito. O seguro do outro motorista não se importa que você estava tecnicamente correto. O seu funeral não terá uma faixa dizendo: "MAS ELE TINHA A PREFERÊNCIA."

Não existe um exame avaliando se você estava justificado em seu acesso de fúria no trânsito.

Existe apenas o resultado. E o resultado pode ser que você esteja certo E ferido. Ou certo E em um hospital. Ou certo E lidando com um processo por causar um acidente.

Cuide de si mesmo. Ninguém mais está zelando por você na estrada.

Os Marcadores de Pontos Invisíveis

Então, quem você acha que está te dando nota?

Quando você sente aquela vontade de defender sua honra, de provar que alguém está errado, de garantir que saibam que você está certo—quem está assistindo? Quem está contando os pontos?

A maioria das pessoas, se for honesta, imagina algum tipo de banca examinadora. Uma plateia invisível registrando vitórias e derrotas. Um contador cósmico acompanhando se você deixou as pessoas te desrespeitarem ou se você manteve sua posição.

Talvez sejam as vozes dos seus pais na sua cabeça: "Não deixe ninguém montar em você." Talvez seja a programação da sua cultura: "Homem de verdade não recua." Talvez seja sua própria crença internalizada de que recuar é igual a fraqueza, e fraqueza é igual a fracasso.

Mas esses marcadores de pontos não existem.

Seus pais não estão assistindo a cada confronto que você tem, avaliando se você se defendeu adequadamente. Sua cultura não está fazendo um registro de quantas vezes você se impôs versus quantas vezes deixou algo passar. O seu *eu* do futuro não vai olhar para trás e pensar: "Eu gostaria de ter entrado em mais discussões com estranhos."

O painel imaginário não é real.

Quando alguém te fecha no trânsito e você sente aquele impulso de "não posso deixar que ele saia impune dessa"—quem exatamente o deixaria *sair impune*? Não há polícia de trânsito pontuando sua reação. Não há conselho de masculinidade revisando se você defendeu sua faixa corretamente. Não existe um sistema de justiça cósmica concedendo pontos por enfrentar motoristas mal-educados.

O marcador de pontos que você imagina—aquele que julga se você está sendo passivo demais, agressivo demais, fraco demais ou combativo demais—existe apenas na sua cabeça.

E o mais louco é que, embora você saiba intelectualmente que ninguém está realmente te dando nota, você ainda sente o impulso. Ainda sente que algo está em jogo. Como se, ao deixar para lá, você estivesse perdendo algum jogo invisível.

Esse sentimento é real. O jogo, não.

A pergunta não é "Como eu venço?". A pergunta é: "Eu quero participar de um jogo que só existe na minha imaginação enquanto risco coisas que realmente existem na realidade?"

Você Não Precisa Vencer em Tudo

Você pode visitar os parques da Disney sem precisar ir em TODOS os brinquedos.

Sério. Você pode ir à Disney, ir em três brinquedos, comer alguma coisa, ver um desfile e ir embora. Você não precisa maximizar cada minuto. Não precisa ir em todas as atrações. Você não precisa *vencer* a Disney.

Mas as pessoas tentam. Elas planejam itinerários com precisão militar. Acordam de madrugada. Caminham a passos largos entre as atrações. Pulam refeições para encaixar mais um brinquedo. Estressam suas famílias tentando extrair o valor máximo do preço do ingresso.

E então voltam para casa exaustas, queimadas de sol, sem dinheiro e mal conseguindo lembrar do que realmente gostaram, porque estavam ocupadas demais otimizando o tempo.

A vida é da mesma forma.

Você não precisa interagir com todo idiota. Não precisa lutar cada batalha. Não precisa defender sua honra em cada confronto. Não precisa corrigir cada pessoa que está errada na internet.

Você pode simplesmente... deixar para lá.

Deixe que eles estejam errados. Deixe que fiquem com a faixa. Deixe que digam bobeiras no jogo. Deixe que te deem uma fechada. Deixe que pensem que *venceram*.

Não existe placar.

Ninguém está acompanhando quantas discussões você ganhou.

Ninguém está te dando nota pela eficácia com que defendeu a honra do seu time. Ninguém está te dando pontos por estar certo.

Você está competindo em um jogo que não existe.

Batendo o Tempo Estimado

Qual foi a última vez que você tentou bater o Horário Estimado de Chegada (ETA) do GPS?

Mesmo que seja apenas 1 minuto antes, nós vencemos! Certo? Vencemos o sistema!

Só que você não venceu. Você fez ultrapassagens agressivas sobre outros motoristas. Pode ter tornado o trajeto deles mais estressante. Pode ter arriscado um acidente. E para quê? Para chegar 60 segundos mais cedo.

Ninguém está avaliando quantas vezes você chegou antes do tempo estimado.

Eu cheguei a me policiar subconscientemente sobre isso em 2018, quando comprei meu carro. É um Prius C. Nem é possível dirigir de forma imprudente nesse carro. Vindo de um Mini Cooper, a sensação foi: ei, você pode (e no fundo só consegue) dirigir com paz.

Não que eu esteja dirigindo a 30 km/h agora. Mas não estou mais a 100 km/h. E o tempo de chegada do GPS pode continuar o mesmo ou até aumentar. Ninguém se importa. Não há exame avaliando meu horário de chegada.

É assim que a competição imaginária se parece na estrada: correr contra um número arbitrário que não importa de verdade, criando estresse e risco para você e para os outros, tudo para *ganhar* algo que nunca foi uma competição.

O Placar de Líderes Imaginário

Você já jogou algo como *Candy Crush*?

Ele é feito para ser viciante. Você passa de fase. Sente-se bem. Vê a pontuação dos seus amigos. Alguns deles estão a sua frente. Então você joga mais uma fase. E outra. E mais outra.

E então percebe que está gastando dinheiro em um jogo gratuito.

Está perdendo o sono. Está ignorando sua família. Está estressado por causa de... *Candy Crush*.

Para quê? Para ser o nº 1 em um placar que literalmente não serve para nada?

Seu melhor amigo ou seus filhos não vão se lembrar de você como "a pessoa que era muito boa em *Candy Crush*." Ninguém vai gravar "Top 10 no *Candy Crush*" na sua lápide.

Mas tratamos os confrontos da vida real da mesma maneira.

Arriscamos nossos empregos, nossos relacionamentos, nossa liberdade, nossa saúde—tudo para subir em um placar imaginário. Tudo para provar que somos melhores, mais espertos ou mais corretos que algum estranho que nunca mais veremos.

Agimos como se houvesse um placar cósmico registrando cada discussão que vencemos, cada pessoa que colocamos em seu lugar, cada vez que defendemos nossa honra.

Não há.

Pare de Lutar Batalhas Imaginárias

Não há professor revisando suas decisões de vida e somando quantas vezes você se impôs versus quantas vezes deixou as coisas passarem.

Não há um boletim cósmico no final medindo se você defendeu sua honra adequadamente, se deixou que te desrespeitassem ou se provou que estava certo com frequência suficiente.

Existe apenas a vida que você está realmente vivendo. A segurança que você mantém. Os relacionamentos que você preserva.

Quando você estiver deitado em uma cama de hospital porque uma briga de estádio deu errado, o médico não vai te entregar o certificado de—Você Estava Certo. Quando estiver lidando com as consequências jurídicas de um incidente de fúria no trânsito, o juiz não vai te dar pontos extras por estar tecnicamente correto sobre a infração de trânsito.

As únicas medidas que realmente importam são:

Você está seguro?

As pessoas que você ama estão seguras?

Este confronto vale o que você pode vir a perder?

É isso. Essa é toda a questão. E você já sabe as respostas.

O estranho no estádio não importa. O motorista que te fechou não importa. A pessoa na internet que está errada não importa.

O que importa é chegar em casa para sua família. O que importa é acordar amanhã sem uma ficha criminal. O que importa é não jogar fora tudo o que você construiu pela satisfação temporária de provar um ponto para alguém que nem se lembrará de você daqui a cinco minutos.

Então pare de lutar batalhas que não importam. Pare de arriscar tudo por nada.

Não há exame. Nunca houve.

A única nota que conta é se você protegeu o que realmente importa enquanto desapegou do que não importa.

E esse é um teste no qual você pode passar simplesmente indo embora.

PRIMEIRO PIT STOP

Já estamos dirigindo há algum tempo. Cinco capítulos, para ser exato.

Você entrou na rodovia. Percebeu que você é o seu próprio ponto de referência. Conheceu todas aquelas versões diferentes de si mesmo que os passageiros enxergam. Reconheceu os vírus culturais que tem carregado. Observou todos encenarem suas vidas em vez de vivê-las. Confrontou um sistema de avaliação que, para começo de conversa, nunca existiu.

Então, vamos encostar um pouco. Encontrar uma área de descanso. Desligar o motor. Sair e esticar as pernas.

Veja só o quanto nos afastamos do seu bairro. Quando começamos, você estava em ruas secundárias familiares, onde tudo fazia sentido porque você já tinha percorrido essas rotas mil vezes. Agora estamos na rodovia, e as coisas parecem diferentes daqui.

Os carros ao seu redor não são mais ameaças a serem vencidas—eles estão apenas dirigindo em suas próprias velocidades. A faixa não é sua propriedade. E todas aquelas regras que você achava que tinha que seguir? A maioria eram apenas ideias herdadas, não requisitos reais.

Você viu que muito do que acreditava ser verdade era apenas programação. Crenças sobre a necessidade de ser o primeiro. Ideias sobre ser o dono da sua faixa. A suposição de que alguém está dando nota ao seu desempenho. A pressão para acompanhar todos ao seu redor.

Nada disso era real. Foi apenas algo aprendido.

Estamos prestes a voltar para a estrada, mas o próximo trecho é diferente. Agora vamos pegar a rota panorâmica—aquela que mostra como tudo muda dependendo de onde você está pisando.

Está pronto para ver como tudo parece diferente deste ponto de vista?

Vamos lá.

Parte Três

A ROTA PANORÂMICA

Seguindo pelo caminho mais longo, percebendo que tudo é relativo.

Capítulo 6

A VELOCIDADE É RELATIVA

Vou levar você pela rota panorâmica agora—não pela rodovia onde o foco é a velocidade e ultrapassar os outros. A rota panorâmica é aquela onde você desacelera e realmente olha ao redor. Você nota a paisagem. As árvores, as montanhas, os outros carros com pessoas vivendo suas próprias vidas.

É disso que trata esta parte da jornada. Diminuir o ritmo para observar verdadeiramente o que está ao seu redor—as pessoas próximas, a forma como você enxerga tudo. Não para mudar onde você está, mas para entender o que você está de fato vendo do ponto onde se encontra. Você tem uma visão única da paisagem porque ninguém mais está pisando no mesmo lugar que você.

E isso inclui como você vê os outros motoristas—e vamos ser sinceros, nem todos ali parecem gênios.

Existem pessoas mais estúpidas que você e pessoas mais inteligentes que você.

A estupidez é relativa a VOCÊ. As pessoas são ou mais espertas ou mais burras que você. É simplesmente assim que nossa percepção funciona.

Vamos voltar ao exemplo da rodovia. Quando você está cruzando a 100 km/h, o carro a 130 km/h parece imprudente. O carro a 80 km/h parece incompetente. Mas nenhuma dessas observações é objetiva—ambas são relativas à SUA velocidade. Você é o ponto zero. Todo o resto é medido como *mais rápido que eu* ou *mais devagar que eu.*

Já notou um carro no seu retrovisor mantendo a mesma distância atrás de você por quilômetros durante uma viagem? Você sente imediatamente uma conexão com aquele motorista—ele está no seu ritmo, ele dirige como você. Essa empatia acontece automaticamente porque ele iguala a sua velocidade. Ele parece *certo* para você.

A inteligência funciona da mesma forma. Você é a linha de base. Pessoas que entendem as coisas mais rápido que você, que enxergam padrões que você não vê, que compreendem conceitos que te confundem *elas são* inteligentes—em relação a você. Pessoas que demoram mais para entender, que perdem padrões óbvios, que lutam com conceitos que parecem simples para você—elas são *estúpidas* em relação a você.

A Linha de Classificação Mental

Seu cérebro faz isso automaticamente. Sem que você perceba, você já as classificou subconscientemente em sua cabeça—uma linha imaginária de pessoas que se estende até o horizonte, todas organizadas pela inteligência relativa a você.

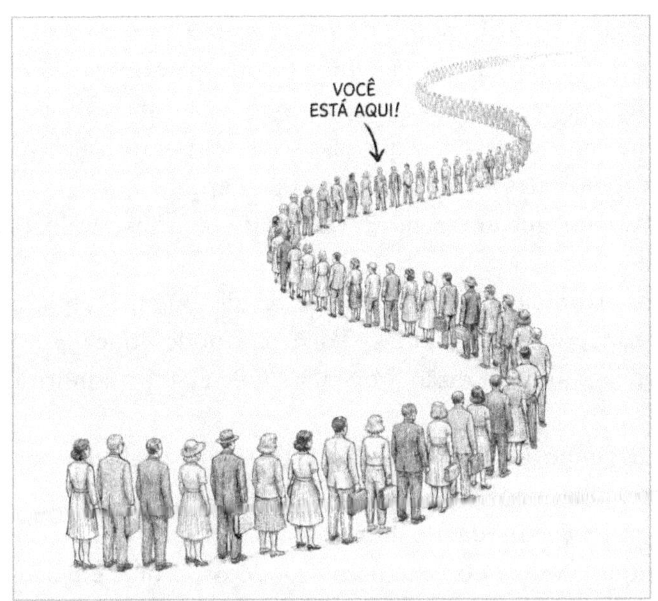

Você está em sua posição nessa linha. Todos que você já conheceu estão organizados em algum ponto dela. Quem está à sua frente é *mais inteligente*. Quem está atrás é *mais estúpido*. Não universalmente—apenas em relação à sua interação com eles.

E aqui está o que temos dificuldade em perceber: você não pode mover as pessoas para frente na SUA linha. Aquela pessoa que parece estúpida para você? Você não pode educá-la para ser mais inteligente que você. Você não pode consertá-la. Você não pode explicar as coisas melhor até que ela subitamente suba de nível na sua linha. Ela está posicionada onde está baseada em como o seu cérebro interage com o dela.

A linha é fixa em relação a você.

Mas *e isso é crucial* essa mesma pessoa também existe na linha de todas as outras pessoas. E na linha do melhor amigo dela? Ela pode estar muito à frente. A pessoa que você classificou como *estúpida* pode ser a pessoa mais brilhante no mundo de outra pessoa.

Portanto, quando você sentir a tentação de *consertar* ou *educar* alguém que você classificou atrás de você na sua linha, lembre-se: você não está medindo a inteligência universal. Você está medindo a posição dela em relação ao SEU ponto de referência. E essa medição não tem nada a ver com a posição dela na linha de qualquer outra pessoa.

Você não pode consertar pessoas que estão atrás de você na sua linha. E você não precisa, porque elas não estão universalmente atrás—elas estão apenas atrás em relação à sua percepção.

O motorista que te fechou? Você não vai consertá-lo buzinando mais forte.

Pessoas estúpidas estão em toda parte, e isso nunca vai mudar.

Você não pode consertá-las. Você não pode educá-las. Você não pode forçá-las a ouvir a razão. Você não pode fazê-las admitir que estão erradas.

E, mais importante, você não está sendo avaliado por quantas pessoas estúpidas você corrige.

Não há professor dando nota para a sua vida pensando: "Nossa, olha com que eficácia eles estão colocando os idiotas em seus devidos lugares. Nota dez para eles!"

Deixe-os estarem errados. Deixe que te fechem no trânsito. Deixe que digam asneiras no jogo. Deixe-os se divertirem. Deixe-os serem estúpidos na internet. Deixe-os existirem em seus erros sem tornar isso um problema seu.

Você Também Está na Linha de Alguém

Enquanto você está ocupado classificando todos na SUA linha, todas as pessoas na sua vida têm suas próprias linhas. Seus pais tinham as deles. Se você tem filhos, eles têm as deles. Se você tem um parceiro, ele tem a dele.

E você está em todas elas.

Pense sobre isso. Se você tem filhos, eles não estão comparando você com outros pais. VOCÊ É o ponto de referência deles para o que é ser pai ou mãe. Você é o zero deles. Você é o padrão pelo qual todos os outros pais são medidos na linha deles—não porque você esteja competindo com eles, mas porque você é, literalmente, a linha de base deles.

Se você tem um parceiro, ele não está te classificando em comparação com outros parceiros. Você é o ponto de referência para *parceiro* no mundo dele. Quando ele conhece o cônjuge de outra pessoa, pode notar diferenças * *ah, eles são mais pacientes* ou * eles são menos organizados * * mas essas observações são medidas em relação a VOCÊ. Você é o ponto zero. Você não está competindo com esses outros cônjuges. Você é o padrão.

Portanto, tentar ser premiado como *o melhor* pai ou *o melhor* parceiro é impossível. Você não está competindo em uma corrida. Você não está tentando se classificar acima de outros pais ou cônjuges. Você já é o ponto de referência deles. Você já é o zero na linha deles.

O alívio? Você não está caindo na linha de referência de outra pessoa. O amigo do seu filho não está pensando em você de forma alguma. O pai do amigo dele é o ponto de referência DELE. Você existe na linha dele em algum lugar, talvez à frente, talvez atrás, mas você não é o zero dele. Você não é o padrão dele.

Pare de tentar competir com outros pais ou parceiros. Você não está nessa corrida. Você já é o ponto de referência de alguém. E eles não estão te dando nota em comparação com todo mundo—eles estão medindo todo mundo em comparação com você.

Isso não é pressão. Isso é libertação.

Dizemos que Alguém Está *Certo* Quando Concorda Conosco

Já notou como as pessoas que pensam como você são *racionais* e *lógicas*, mas as pessoas que discordam de você são *iludidas* ou *ingênuas*? Isso não é porque você tem acesso à verdade objetiva. É porque você está medindo a opinião delas em relação à sua.

Quando alguém concorda com você, seu cérebro diz: "Sim, esta pessoa está corretamente alinhada com a verdade (que, por acaso, é a minha posição)." Quando alguém discorda, seu cérebro diz: "Esta pessoa está incorretamente alinhada com a verdade (que continua sendo a minha posição)."

Você não está avaliando o argumento pelos méritos dele. Você está avaliando o quanto ele coincide com as suas crenças existentes. E eles estão fazendo exatamente a mesma coisa com você.

Vejamos as opiniões políticas, por exemplo. Seja qual for o seu lado, o outro lado não está apenas errado—ele está perigosamente errado.

Iludido. Destruindo o país. Como eles podem não ver o que é tão óbvio para você?

E aqui está a ironia: eu nem mencionei de que país, de quais bandeiras ou de qual partido político estou falando. Mas você já mapeou isso na sua própria paisagem política, não é? Porque esse padrão existe em todo lugar. Todos os países acham que sua divisão política é exclusivamente tóxica, exclusivamente frustrante, exclusivamente impossível de conciliar. *Nossa política está quebrada,* todos dizemos, como se tivéssemos inventado a polarização.

Todos pensamos que nossa situação é especial. Mas o mecanismo é idêntico além das fronteiras: você está medindo a posição política de todos em relação à sua. As pessoas que batem com a sua posição são *informadas*. As pessoas que não batem sofrem *lavagem cerebral*. E elas estão fazendo exatamente a mesma medição a partir do ponto de referência delas.

Lembra-se do carro no seu espelho mantendo o seu ritmo? Você sentiu aquela conexão porque eles dirigiam como você. Pessoas que pensam como você causam a mesma sensação—*certas* porque combinam com a sua velocidade, seu ritmo, seu ponto de referência. Ambos acham que estão certos. Ambos acham que a outra pessoa está errada. Ambos estão medindo a partir de seu próprio ponto de referência e agindo como se fosse universal.

Não é. É apenas o seu.

Tudo o que é Mensurável é Relativo

Então, se tudo é relativo à sua posição—inteligência, concordância, percepção—o que dizer das coisas que achamos que são objetivas? Como a riqueza? Como a beleza?

Vamos testar o princípio da relatividade:

Quem é mais rico—um mendigo com um centavo no bolso e zero dívidas, ou uma pessoa de classe média com uma dívida de 50.000 dólares?

Objetivamente, o mendigo tem um patrimônio líquido maior. Um centavo é mais do que cinquenta mil dólares negativos. No papel, eles são—mais ricos.—

Mas não pensamos dessa forma, pensamos? Porque não estamos medindo a riqueza objetivamente. Estamos medindo-a em relação à posição social, acesso a recursos, qualidade de vida, segurança. A pessoa de classe média tem dívidas, claro, mas também tem uma casa, comida, acesso à saúde, perspectivas de emprego. O mendigo tem um centavo e nenhum lugar para dormir esta noite.

Portanto, quando dizemos que alguém é *rico* ou *pobre,* não estamos falando de números de fato. Estamos falando de como a situação da pessoa se compara à nossa expectativa básica do que é normal.

Se você cresceu na pobreza, ganhar 50.000 dólares por ano parece ser rico. Se você cresceu na riqueza, ganhar 50.000 parece um fracasso. O mesmo número, sensação completamente diferente, dependendo inteiramente de onde VOCÊ começou.

Ser rico é relativo. Sempre foi.

Beleza e Atração

O mesmo princípio se aplica à beleza. Você sabe o que acha atraente— mas de onde veio esse padrão? Parte disso é biológico (somos programados para achar certas coisas atraentes—pele macia, simetria, sinais de saúde), parte é cultural (o que sua sociedade valoriza) e parte é pessoal (o que parece familiar, o que te lembra de experiências positivas).

Mas aqui está o que a maioria das pessoas não percebe: seu padrão de beleza é baseado em VOCÊ, no seu rosto, no seu corpo.

Você é o seu próprio ponto de referência para atratividade. As características que você possui tornam-se a linha de base para o que parece *certo* e atraente para você.

É por isso que as pessoas frequentemente se unem a parceiros que se parecem com elas. Não idênticos, mas semelhantes. Estruturas faciais semelhantes, coloração semelhante, proporções semelhantes.

Não é coincidência. Você é inconscientemente atraído por pessoas que se assemelham a você porque elas correspondem ao seu padrão interno de beleza—que foi construído em torno das suas próprias características. Você se vê no espelho todos os dias. Essas características tornam-se familiares, confortáveis, *corretas.* E quando você vê essas características refletidas em outra pessoa? Seu cérebro as registra como atraentes.

Existe um fenômeno onde os casais muitas vezes parecem ser parentes, chamado de acasalamento preferencial. Mesmo biotipo geral. Traços faciais semelhantes. Tons de pele parecidos. Não é porque estão juntos há tanto tempo que acabaram se transformando um no outro. É porque eles se selecionaram, em primeiro lugar, baseados na familiaridade física.

Você se sente atraído pelo seu próprio reflexo mais do que imagina.

Quando você vê alguém cujos traços ecoam os seus—formato dos olhos parecido, nariz semelhante, linha do maxilar parecida—essa pessoa lhe parece *certa*. Ela corresponde ao padrão que você veio construindo a vida inteira ao olhar para o seu próprio rosto.

Isso não é narcisismo. É apenas como os pontos de referência funcionam. Você é o seu ponto zero para a beleza, assim como é o seu ponto zero para a inteligência, para a velocidade e para tudo o mais.

O mesmo princípio se estende aos animais de estimação. As pessoas escolhem cães que se parecem com elas. Ou que agem como elas. Ou ambos.

Nem sempre é óbvio—você não está deliberadamente procurando por um cão que combine com o seu rosto. Mas, subconscientemente, você é atraído pelo cão cuja aparência ou temperamento lhe soa familiar. Que parece... você.

Você vê um cão com o seu nível de energia, sua estrutura facial (proporcionalmente), suas cores—e algo faz um clique. Aquele cão parece *certo*. Aquele cão condiz com seus padrões internos.

Relatividade, novamente. Você é o padrão e é atraído por aquilo que corresponde a esse padrão.

Quando Você Não Está Contente com Seu Próprio Padrão

Então, o que acontece quando você não gosta do seu ponto de referência? Quando você se olha no espelho e gostaria de ser diferente?

É aí que entra a modificação corporal. Cirurgia plástica, transplante capilar, implantes, liftings, lipoaspirações, preenchimentos—todas as maneiras pelas quais as pessoas tentam mudar sua base.

E isso é perfeitamente aceitável. Seu corpo, sua escolha.

Mas há uma pergunta crucial que você precisa responder antes de se modificar: você está fazendo isso por você ou por outra pessoa?

Porque, se estiver fazendo por outra pessoa, você não está realmente mudando seu corpo. Você está mudando a si mesmo para atender ao padrão de outra pessoa. E isso nunca termina bem.

As Armadilhas da Modificação

Você vê alguém famoso com um visual específico. Essa pessoa é bem-sucedida, atraente, está em todos os lugares. E você pensa: se eu fosse assim, minha vida seria melhor.

Mas espere um pouco.

Aquela celebridade PRECISA daquele visual. A carreira dela depende literalmente da manutenção daquela aparência. Ela é paga para ser daquele jeito. Ela tem equipes de pessoas ajudando-a a manter isso. Estilistas, treinadores, nutricionistas, cirurgiões. O trabalho dessa pessoa é ser assim.

O seu trabalho não é.

Você não recebe para se parecer com eles. Você não tem a equipe deles. Você não tem a renda deles para manter essa aparência. E mais importante: você não tem a carreira específica que exige aquele visual específico.

Portanto, se você modifica seu corpo para se parecer com eles, está assumindo todos os custos e a manutenção de uma aparência profissional... sem nenhum dos benefícios profissionais.

Você está fazendo um cosplay das exigências da carreira de outra pessoa na sua vida comum.

Agora, e quanto a atender ao padrão de outra pessoa?

Talvez você esteja pensando: "Mas se eu mudar essa única coisa na minha aparência, finalmente atrairei o tipo de pessoa que eu quero."

Pare.

Se alguém não se sentia atraído por você antes da modificação, mas se sente depois... pelo que essa pessoa está realmente atraída?

Pela modificação. Não por você.

Ela está atraída pelo que você mudou para se tornar por causa dela.

Está atraída pelo fato de você ter se moldado para atender ao padrão dela.

E agora você está preso em um relacionamento onde a base é: você se modificou para ser aceitável para o outro.

Pense no que isso significa a longo prazo. Se o seu corpo mudar naturalmente—envelhecimento, flutuação de peso, a vida acontecendo—essa pessoa ainda se sentirá atraída? Ou ela desejará que você se modifique novamente para acompanhar o padrão dela? Ou ela procurará outra pessoa com aquelas características?

Você treinou essa pessoa para amar algo que não é quem você realmente é.

Pense no que isso significa: se alguém só te ama DEPOIS da modificação, essa pessoa não ama você. Ela ama o que você se tornou para agradá-la.

Ela ama o resultado artificial. A versão alterada. O *você* que se curvou para atender ao padrão dela.

E agora você está encurralado. Porque, se algum dia você parar de manter essa modificação—se o seu corpo mudar, se você envelhecer, se não conseguir manter a aparência—, ela ainda te amará? Ou a atração dela desaparecerá porque aquilo pelo qual ela era realmente atraída sumiu?

Você construiu um relacionamento sobre uma base de modificação física para atender ao padrão de outra pessoa. Isso não é amor. É uma transação.

Faça por Você, ou Não Faça de Jeito Nenhum

Modifique seu corpo se, e somente se, VOCÊ quiser. Pelos SEUS motivos. Porque VOCÊ genuinamente quer parecer diferente ou se sentir diferente de uma forma que sirva à sua própria vida.

Não para se parecer com alguém famoso que precisa dessa aparência para a carreira.

Não para finalmente atrair alguém que não se sentia atraído pelo seu eu real.

Não para atender ao padrão de outra pessoa sobre como você *deveria* ser.

Porque, se você fizer isso por eles, não está mudando seu corpo—está mudando quem você é em busca de validação externa. E essa validação nunca será suficiente, porque, na verdade, não é sobre você.

Seu corpo. Sua escolha. Seus motivos.

Não os deles.

Olha, eu sou um forte defensor disso porque eu mesmo já fiz. Fiz um transplante capilar há alguns meses (ou "recolocação capilar", como eu chamo de brincadeira—eles só estão movendo seu próprio cabelo de uma parte da cabeça para outra). Fiz para corrigir minhas entradas, e correu tudo bem. Sinto-me incrível.

Mas aqui está o ponto-chave: eu fiz por mim. Não porque alguém disse que eu deveria. Não para parecer com qualquer outra pessoa. Fiz porque eu quis.

Esse é o único motivo que importa.

E se Todos Desaparecessem?

Aqui está um experimento mental que expõe o quão absurda é a comparação externa:

Imagine que todas as outras pessoas na Terra desaparecessem da noite para o dia. Pandemia, apocalipse, arrebatamento—não importa. Você é a única pessoa que restou.

De repente, você é a pessoa mais inteligente do mundo. E a mais burra. É a mais rica e a mais pobre. A mais atraente e a menos atraente. A mais rápida e a mais lenta.

Todos os rankings desaparecem porque não sobrou ninguém com quem se comparar.

Você ainda se importaria em ser *o melhor*?

Se você é a única pessoa viva, importa que não consiga correr tão rápido quanto alguém que não existe mais? Importa que você não seja tão inteligente quanto as pessoas que se foram? Importa que você não tenha tanto dinheiro quanto pessoas que não estão mais aqui para ter dinheiro?

Claro que não.

Então, por que isso importa agora?

As outras pessoas continuam sendo, efetivamente, invisíveis para o seu progresso diário real. A existência delas não muda suas capacidades. As conquistas delas não diminuem seu crescimento.

Você está competindo em uma corrida onde os outros corredores nem saberão que você está na pista. E vencer essa corrida não altera seu odômetro—apenas alimenta seu ego.

Compare-se consigo mesmo. O *você* de ontem é a única pessoa que teve suas circunstâncias exatas, seus recursos exatos, seus desafios exatos. O *você* de ontem é a única pessoa cujo progresso você pode realmente medir, porque você tem todos os dados.

Você avançou em relação a onde estava ontem? Sim? Então você está progredindo. Ficou no mesmo lugar ou retrocedeu? Então você tem informações sobre o que ajustar.

É isso. Esse é todo o sistema de medição.

O progresso de todos os outros é irrelevante para o seu. Você não conhece o ponto de partida deles. Você não conhece suas vantagens ou desvantagens. Você nem sabe o que *avançar* significa para a rota única deles.

Mas você conhece a sua. Você sabe onde estava ontem. Sabe onde está hoje. Sabe se está se movendo na direção que realmente deseja seguir. Essa é a única medida que importa.

Einstein descobriu que o espaço e o tempo são relativos—eles mudam dependendo da sua posição e velocidade. Não existe um referencial absoluto. Tudo é medido em relação ao observador. Duas pessoas viajando em velocidades diferentes experimentam o tempo de forma diferente. Nenhuma está *errada*. Ambas estão corretas em seus próprios referenciais.

Não existe um padrão absoluto para sucesso, inteligência, beleza ou progresso. Existe apenas o seu referencial e os referenciais de todos os outros.

Pare de tentar pular no referencial de outra pessoa e se medir pelas coordenadas dela. Você não consegue. Você está sempre medindo a partir de onde VOCÊ está.

Portanto, meça seu progresso em relação à sua própria posição. As coordenadas de ontem comparadas às coordenadas de hoje.

Seu Odômetro é Só Seu

Lembre-se: seu odômetro mede a distância percorrida, não a velocidade alcançada. Mede a experiência acumulada, não o ranking na competição.

Os odômetros de algumas pessoas marcam números maiores porque elas estão dirigindo há mais tempo. Outros marcam números menores porque começaram mais tarde. Alguns percorreram a mesma distância, mas em estradas completamente diferentes.

Nada disso altera a SUA quilometragem.

Você pode estar com 10.000 milhas ou 100.000 milhas—a única coisa que importa é se o número de hoje é maior do que o de ontem.

Você está avançando em sua própria rota? Isso é sucesso.

Você está dirigindo em um ritmo adequado para a estrada em que se encontra? Isso é progresso.

Você está comparando seu odômetro com sua própria leitura anterior, em vez de compará-lo com o de outra pessoa? Isso é sabedoria.

Não existe um exame avaliando se a sua quilometragem corresponde ao cronograma esperado de outra pessoa.

Existe apenas seu odômetro, sua rota e a escolha de continuar seguindo em frente.

Capítulo 7

A VIAGEM DELES, A SUA MEMÓRIA

Olhe pelo espelho, observe a estrada atrás de você. Todos esses quilômetros percorridos — as saídas que pegou, as paradas para descanso, os trechos de rodovia, as cidades pelas quais passou.

Do que VOCÊ realmente se lembra?

Talvez de um pôr do sol específico. Talvez daquela vez em que foi pego por uma tempestade. Talvez daquela playlist que ficou repetindo por quinhentos quilômetros.

Agora pergunte à pessoa que estava no banco do carona o que ela lembra dessa mesma viagem.

Detalhes completamente diferentes. Momentos diferentes. Destaques diferentes.

Mesma estrada. Mesmo carro. Mesmos quilômetros rodados. Memórias totalmente distintas.

Você Quer Criar Memórias

Passamos o tempo todo planejando experiências especificamente para criar memórias.

A rota de férias perfeita. O desvio panorâmico. Aquela parada naquele restaurante especial. O destino surpresa. Orquestramos cuidadosamente cada detalhe porque queremos que as pessoas que estão conosco se lembrem dessa viagem para sempre. Buscamos constantemente conselhos para uma viagem de carro — o itinerário ideal, as paradas obrigatórias, o cronograma impecável.

Por quê? Porque achamos que existe um exame. Achamos que estamos sendo avaliados sobre quão bons anfitriões somos, quão bem facilitamos a experiência, se criamos a memória —perfeita— para eles.

E acreditamos que, se planejarmos bem o suficiente, se passarmos por todos os pontos certos, se cronometrarmos tudo com perfeição — poderemos criar a memória que queremos que eles tenham.

A realidade? O controle às vezes pode ser uma ilusão. Você controla a rota. Você controla as paradas. Você controla o tempo.

Mas... você não controla como a outra pessoa vai vivenciar isso.

Você está planejando com base em como acha que —você— vivenciaria aquilo — se colocando no lugar deles. Mas isso só funciona para você em relação às suas próprias experiências, ao seu ponto de referência. Eles têm o deles. O que o deixaria empolgado pode ser entediante para eles. O que você consideraria significativo pode nem ser notado por eles.

Seu filho pode se lembrar do mirante panorâmico que você dirigiu duas horas a mais para alcançar. Ou ele pode se lembrar da discussão sobre o sorvete que aconteceu antes do mirante.

Seu parceiro ou parceira pode se lembrar do destino surpresa. Ou pode se lembrar de você estressado com as direções durante todo o caminho até lá.

Seu amigo pode se lembrar do momento perfeito de chegar ao pôr do sol. Ou pode se lembrar de estar precisando usar o banheiro na última hora e estar desconfortável demais para aproveitar a vista.

Do que eles realmente se lembram? Eles se lembram do que chamou a atenção deles, do que importava para eles naquele momento, do que o cérebro deles decidiu que valia a pena guardar. Frequentemente, algo que você nem notou — um outdoor estranho, uma música no rádio, a forma como a luz batia no painel. Às vezes, algo que você preferia que eles esquecessem — a curva errada, o restaurante fechado, a briga por causa do GPS.

Você planejou a experiência. Eles construíram a memória. E o que eles construíram pode não ter nada a ver com o que você planejou.

Irmãos Sempre se Lembram de Viagens Diferentes

Pergunte a irmãos sobre uma viagem de família que todos fizeram juntos.

Eu mesmo já fiz isso. Minha irmã lembra de um jeito. Eu lembrava de forma completamente diferente. Mesmo carro. Mesmos pais. Mesma rota. Mesmas paradas. Todos estavam lá.

Pergunte a eles e ouça suas histórias.

Um lembra como a melhor viagem de todas — rindo no banco de trás, fazendo jogos de carro, comendo lanches, ansioso pelo destino. Outro lembra de estar entediado e inquieto, preso no assento do meio, perguntando constantemente —Já estamos chegando?— e ouvindo para ficar quieto. Outro mal se lembra da viagem — tinha um livro e leu o caminho inteiro, desligando-se de tudo ao redor.

Quem está certo?

Todos eles. E nenhum deles.

A memória não é uma câmera de vídeo gravando a verdade objetiva. A memória é uma reconstrução. Seu cérebro pega fragmentos — imagens, emoções, sensações — e constrói uma história a partir deles toda vez que você se lembra. E a história muda dependendo do significado que você precisa que ela tenha agora.

O irmão que lembra da viagem como algo incrível pode ter estado de ótimo humor naquele dia, ou talvez precisasse desesperadamente de uma boa memória familiar e seu cérebro lhe deu uma. O irmão entediado pode ter passado por algo difícil naquela semana, e o trajeto de carro tornou-se apenas mais uma coisa a suportar. O irmão leitor encontrou seu próprio refúgio, e era disso que ele precisava.

Mesma experiência. Três memórias completamente distintas. Todas reais. Todas verdadeiras para a pessoa que as possui.

Como Costumamos Planejar o Futuro

O planejamento tem uma limitação intrínseca: sempre planejamos com o que temos em mente agora. Nossas experiências. Nosso ponto de referência. Nosso entendimento atual.

Pensamos que estamos elaborando um cenário futuro — imaginando o que será importante, o que funcionará, o que será significativo daqui a anos. Mas, se ampliarmos a visão sobre esse conceito, percebemos: estamos apenas usando nossa mentalidade atual e o entendimento do que é viável agora.

Não conseguimos realmente imaginar o futuro. Só conseguimos imaginar uma versão melhorada do presente.

Tenha um pouco de paciência comigo — vou expandir bem essa ideia agora.

Vamos falar sobre como projetamos carros. No momento, estamos desenvolvendo tecnologia para fazer nossos carros atuais dirigirem sozinhos. Os veículos da *Waymo* — são —carros comuns— com volantes, apenas controlados por computadores em vez de mãos humanas. A *Waymo* pertence ao Google e são carros dirigidos automaticamente por câmeras.

Essa é a nossa —visão de futuro— usando a base de hoje. Temos carros com volantes, então adicionamos câmeras que monitoram tudo ao redor, calculam riscos e rotas em seus sistemas inteligentes para que possam usar esses volantes e dirigir sozinhos sem a necessidade de uma pessoa no banco do motorista.

Mas o futuro real? Ele pode nem ter volantes. O carro será projetado do zero para se mover de forma autônoma. Sem volante. Sem pedais. Sem controles para um motorista humano que não se faz necessário.

Não conseguimos imaginar esse carro ainda porque ainda pensamos em —carro com motorista robô— em vez de —carro como robô—.

Nossa ideia —futurista— é apenas a nossa realidade atual, levemente atualizada. O futuro em si terá uma base completamente diferente que não conseguimos visualizar porque não a temos agora.

Se hoje estamos construindo robôs humanoides, imaginamos que o futuro daqui a vinte anos terá... robôs humanoides melhores. Eles são o que conseguimos imaginar agora.

O futuro real daqui a vinte anos? Talvez sejam robôs do tamanho de animais de estimação ou pocket *minions* para a sua mesa. Coisas que ainda não conseguimos visualizar porque não estamos pensando nesses termos hoje. Estaremos ansiosos pelo que virá a seguir, não olhando para trás lembrando —daqueles robôs humanoides de vinte anos atrás—.

Portanto, o que chamamos de —imaginar o futuro— é, na verdade, apenas imaginar como o nosso presente atual poderia ser melhor. É filosófico, mas pense bem: se você já tem uma —ideia futurista—, essa ideia já existe hoje. Você a tem. Você pode construí-la agora com a tecnologia e a mentalidade de hoje.

É impossível ter uma ideia de dez anos no futuro porque não sabemos o que teremos até lá.

Em 2005, teria sido impossível imaginar um aplicativo baseado em toque para celulares. Não porque as pessoas não fossem criativas o suficiente — mas porque o iPhone ainda não existia. Nossos pensamentos não podiam incluir a —interface tátil— como base. Isso não estava em nosso contexto presente.

Em 2015, tente imaginar imagens e vídeos gerados por IA. Você não conseguiria, porque a IA generativa ainda não tinha mudado a nossa forma de pensar sobre a criação de conteúdo. Isso não fazia parte do presente a partir do qual estávamos construindo.

A mesma coisa com os carros. Agora, estamos construindo robôs para dirigir nossos carros existentes. Essa é a nossa —visão de futuro—: pegar o que temos (carros com volantes) e torná-los melhores (deixar computadores usarem esses controles).

O futuro real não é o nosso presente atualizado. É algo construído sobre uma fundação completamente diferente à qual ainda não temos acesso. É por isso que até achamos graça hoje quando vemos vídeos futuristas de pessoas das décadas de 50 e 60.

O Que Isso Significa para a Criação de Memórias

Então, quando você estiver se estressando para criar as memórias certas para seus filhos, ou planejando a viagem de aniversário perfeita para seu parceiro ou parceira, ou tentando proporcionar aos seus pais idosos uma última grande viagem de férias — entenda o seguinte:

Você está imaginando do que eles se lembrarão usando o contexto de hoje. O que você acha que importa agora. O que você acredita que será significativo com base no seu entendimento atual.

Mas quando eles estiverem se lembrando desta viagem daqui a dez anos? Eles terão contextos diferentes. Prioridades diferentes. Necessidades diferentes em relação a essa memória.

Você não pode prever o que importará para eles porque não sabe quem eles serão quando estiverem se lembrando.

Talvez a rota panorâmica cuidadosamente planejada se torne a memória favorita deles. Talvez seja o posto de gasolina aleatório onde você comprou aquele doce que eles ficaram pedindo o dia todo. Talvez seja apenas a maneira como você disse —fala, amigão— quando eles entraram no carro. Talvez seja algo que você nem lembra que aconteceu.

Você está planejando com o mapa de hoje, tentando prever o que as versões futuras deles valorizarão. Mas você ainda não tem o mapa futuro deles.

E isso se aplica a tudo o que você planeja — não apenas viagens de carro. Quando planeja um casamento, uma festa de aniversário, uma comemoração de bodas — você não está criando o mesmo evento perfeito para todos. Você está facilitando um evento que desencadeará emoções e, quem sabe, memórias para todos os presentes (incluindo você!).

Pense em si mesmo como um —facilitador de emoções—. Você está criando o ambiente onde as pessoas podem vivenciar seus próprios sentimentos, seus próprios momentos, suas próprias memórias em potencial. Se quer mudar as coisas, talvez deva tentar por dentro — mudando o ambiente que você controla, não as memórias que eles construirão.

Você define o clima, escolhe a comida, organiza a iluminação, seleciona a música, define toda a ambientação. Esse é o seu objetivo. Isso é o que você pode controlar.

Cada pessoa irá a uma festa diferente. O que emociona um, entediará outro. O que um convidado lembra como o auge da noite, outro nem notará. E isso é esperado.

Tudo o que você pode fazer é dirigir. Estar presente na jornada. Criar o ambiente. Isso só funciona se você também relaxar. Confie que eles encontrarão o que precisam na experiência.

Sua Memória, a Memória Deles, a Memória de Todos

As memórias são pessoais e existem para aquela pessoa por uma razão. Elas têm um propósito na maneira como são construídas na mente da pessoa, e não necessariamente de forma factual. Elas não são registros objetivos do que aconteceu. São reconstruções subjetivas feitas a partir de fragmentos toda vez que alguém as acessa.

Você não pode controlar o que os outros lembram de experiências que vocês compartilham. Você não pode forçá-los a lembrar da sua versão. Você não pode criar as memórias deles por eles, não importa quão perfeitamente planeje a rota.

Estão todos seguros naquele carro juntos. Tudo o que você pode fazer é dirigir. Esteja o mais presente que o seu cérebro permitir (que, lembre-se, sempre está um pouco no futuro de qualquer maneira). Faça a viagem. Confie que cada passageiro levará dela o que for necessário.

E quando a memória deles contradizer a sua? Deixe que contradiga. A versão deles é real para eles, assim como a sua versão é real para você. Nenhuma delas é mais —correta—.

Pare de tentar orquestrar memórias perfeitas. Pare de se estressar se está proporcionando às pessoas as experiências que elas valorizarão mais tarde. Pare de conferir os fatos das memórias que você já tem.

Apenas dirija.

Você não está sendo avaliado se todos se lembram da mesma viagem da mesma maneira. Você não está sendo avaliado se as memórias que tentou criar batem com as memórias que realmente se formaram.

Não há prova medindo se você criou as memórias —certas—.

Existe apenas a jornada. E o que cada passageiro constrói a partir dela.

Essa memória cabe a eles construir. Não a você controlar.

Capítulo 8

SEU ODÔMETRO, SUAS MILHAS

Neste trecho da rodovia, você notará algo interessante: existem múltiplas rotas para chegar à mesma área geral. Alguns motoristas pegam a interestadual—direta, rápida, eficiente. Outros pegam a rota cênica—sinuosa, mais lenta, mais interessante. Alguns pegam estradas vicinais que passam por cidades pequenas. Outros preferem as rodovias com pedágio para evitar o trânsito.

Todas funcionam.

Não existe uma rota objetivamente *correta*. Existe apenas a rota que faz sentido para as suas prioridades, o seu veículo, o seu cronograma, as suas preferências.

Mas fomos ensinados a medir o *sucesso* como se houvesse apenas uma rota válida—a mais rápida. A mais direta. Aquela que faz você chegar antes de todo mundo.

Exceto que... onde fica o *sucesso*? E por que chegar lá primeiro importa se você odiou toda a viagem?

O Sucesso Pessoal é Vencer a Incerteza

O que você está realmente tentando realizar quando busca o seu *sucesso* pessoal? Você está tentando vencer a incerteza.

Pense bem. Por que você quer dinheiro? Para reduzir a incerteza se poderá pagar o aluguel, comprar comida, lidar com emergências. Por que você quer um emprego estável? Para reduzir a incerteza de onde virá o seu próximo salário. Por que você quer bons relacionamentos? Para reduzir a incerteza de estar sozinho, sem amor, sem apoio.

O sucesso pessoal não se trata de ter mais do que as outras pessoas. Trata-se de ter o suficiente para se sentir seguro em sua própria vida.

Todo mundo quer conforto. Todo mundo quer reduzir a ansiedade que vem de não saber se suas necessidades básicas serão atendidas. Mas a quantidade de conforto que você precisa para se sentir seguro é relativa à SUA base de referência, não à de outra pessoa.

Alguém que cresceu com insegurança alimentar pode se sentir bem-sucedido no momento em que tiver uma despensa cheia e três meses de aluguel guardados. Alguém que cresceu em berço esplêndido pode não se sentir bem-sucedido até ter uma casa de veraneio e a aposentadoria totalmente garantida.

Mesma palavra *sucesso* destinos completamente diferentes. Nenhum está errado. Eles apenas estão operando a partir de pontos de partida diferentes, com limiares de incerteza diferentes.

Você não está tentando vencer os outros motoristas. Você está tentando vencer sua própria incerteza sobre se ficará bem.

A Rota Cênica vs. a Interestadual

Digamos que você esteja dirigindo da cidade para a praia. Você tem opções:

Rota 1: Interestadual

Direta, rápida, monótona. Leva você até lá em cerca de 6 horas. Nada para ver exceto fazendas e paradas de descanso. Eficiente, prática, otimizada para a velocidade.

Rota 2: Rodovia da Costa

Sinuosa, mais lenta, deslumbrante. Leva você até lá em mais de 10 horas (mais se você parar). Vistas do oceano, panoramas da baía, penhascos, pequenas cidades litorâneas, oportunidades para fotos. Cênica, memorável, épica, otimizada para a experiência.

Qual rota é a *bem-sucedida*?

Se você define sucesso como *chegar mais rápido*, a interestadual é o passe expresso. Se você define sucesso como—aproveitar a jornada—, a rota costeira vence. Se você define sucesso como—não ficar enjoado em estradas sinuosas—, talvez você evite a costa inteiramente.

Não existe uma métrica universal que diga que uma rota é objetivamente melhor. Existe apenas o que importa para VOCÊ NESTA viagem.

No entanto, o que acontece é que você olha para os outros motoristas na interestadual, vê que eles chegam antes de você e assume que falhou porque pegou uma rota diferente. Você mede sua jornada pelo destino deles, pelo cronograma deles, pelas prioridades deles.

Isso é loucura.

Sua rota foi diferente porque seus objetivos eram diferentes. Você não estava tentando chegar mais rápido—estava tentando ver o mar. Você não estava tentando minimizar o tempo de direção—estava tentando maximizar a experiência.

Ambas as rotas terminam na praia. Ambos os motoristas—tiveram sucesso—em chegar lá. Mas se você passou todo o trajeto costeiro estressado por não estar na interestadual, você acabou de arruinar sua própria rota ao compará-la com a de outra pessoa.

Qualidade sobre Quantidade

Você está dirigindo e a fome aperta. Alguém que está com você procura no celular por restaurantes próximos e encontra duas opções:

Restaurante A: 4.7 estrelas em 4,937 avaliações

Restaurante B: 5.0 estrelas em 54 avaliações

Qual é o melhor?

A maioria das pessoas diria o Restaurante A. Eles têm quase 5,000 pessoas que acharam que a experiência valeu uma avaliação. Eles serviram exponencialmente mais clientes. Eles escalaram. Eles alcançaram mais pessoas. Exatamente como quando você escolhe um produto na Amazon.

Mas o Restaurante B tem uma pontuação perfeita. Cada pessoa que o avaliou achou que ele era impecável. Talvez seja um lugar minúsculo que só pode atender 20 pessoas por noite. Talvez o chef supervisione pessoalmente cada prato. Talvez eles foquem em criar uma experiência perfeita de cada vez, em vez de maximizar o volume.

O Restaurante B é pior porque menos pessoas o conhecem? Ou melhor porque todos que o experimentam acham que é perfeito?

Não há resposta objetiva. Não há resposta *certa*. Depende inteiramente do que você está medindo.

Se você mede por alcance e escala—o Restaurante A vence. Se você mede por consistência e qualidade—o Restaurante B vence. Se você mede pela receita—provavelmente o Restaurante A. Se você mede pela satisfação do cliente—provavelmente o Restaurante B.

O ponto é: a métrica que você escolhe determina o que *melhor* significa. E cada métrica é relativa (e, sejamos honestos, arbitrária). Não existe um placar cósmico que diga: "O Restaurante A é objetivamente melhor." Existem apenas formas diferentes de marcar pontos, e você pode escolher qual delas importa para você.

Mas o que acontece? Você não escolhe. Você deixa que outras pessoas escolham por você. Você deixa a cultura lhe dizer que escala equivale a sucesso, ou que dinheiro equivale a sucesso, ou que fama equivale a sucesso. E então você passa a vida inteira otimizando para uma métrica que nunca quis de verdade.

A Armadilha da Competição Parental

Rode pelas redes sociais durante a época de entrega de boletins. Veja quantos pais postam sobre quadro de honra, prêmios, conquistas.

"Minha filha entrou no quadro de honra de novo!" "Muito orgulho do meu filho!" "Só notas 10!" "Rumo às aulas avançadas!"

Cada postagem parece ser sobre a criança. Mas olhe mais de perto —é sobre o pai ou a mãe. O progenitor está competindo através das conquistas do filho. O progenitor está usando as notas, atividades e realizações da criança como prova de que é um pai ou mãe *bem-sucedido*.

E não são apenas as notas. São os sapatos que eles usam na escola. Você compra sapatos Lacoste porque sabe que são elegantes e sinalizam que você pode pagar por qualidade—mas talvez seu filho só queira uns sapatos do Homem-Aranha de uma marca qualquer. Para quem são esses sapatos Lacoste, na verdade?

O que essa criança absorve: "Meu valor é baseado no que eu conquisto e na minha aparência. Meu valor é medido pelo meu desempenho e pela forma como me apresento em comparação com as outras crianças."

Isso não é educar. Isso é colocar seu filho em uma competição para a qual ele não se inscreveu, para que você possa reivindicar o troféu quando ele vencer.

E aqui está a parte realmente problemática: as notas do seu filho não fazem de você um pai ou mãe melhor ou pior. Os resultados dos testes deles não têm nada a ver com o fato de você estar criando um ser humano gentil, resiliente e feliz.

Sabe o que faz de você um bom pai ou mãe? Estar presente. Ouvir. Mostrar a eles como lidar com o fracasso. Caminhar ao lado deles quando precisam conversar. Ensinar a eles que o valor deles não está atrelado ao desempenho. Ajudá-los a encontrar a própria rota em vez de forçá-los a seguir a sua.

Mas não medimos a paternidade e a maternidade dessa forma, medimos? Medimos comparando as crianças. "Meu filho lê em um nível mais alto que o seu" torna-se um código para "Eu sou um pai/mãe melhor que você."

É a mesma armadilha da competição, apenas com riscos maiores. E a criança é quem paga o preço.

Não Faça o Dever de Casa Deles

Para aqueles que competem através das conquistas dos filhos, aqui é onde a coisa fica absurda: há pais fazendo o dever de casa pelos filhos.

Não estou falando de dar uma ajuda. Estou falando de fazer. Escrever as redações. Construir os projetos de ciências. Resolver os problemas de matemática.

Por quê? Para que a criança tire uma nota melhor. Para que o professor ache que a criança é mais inteligente. Para que a criança entre em turmas avançadas. Para que o pai ou a mãe possa postar sobre isso nas redes sociais.

Mas quem realmente aprendeu algo? Não foi a criança. A criança aprendeu que outra pessoa fará o trabalho se o risco for alto o suficiente. A criança aprendeu que o desempenho importa mais do que o aprendizado. A criança aprendeu que não é capaz o suficiente para fazer sozinha.

Você acabou de sabotar a educação do seu próprio filho para vencer uma competição que não existe.

Não existe um exame avaliando se o seu filho é mais inteligente que o filho de outra pessoa. Existe apenas a educação real do seu filho, que você acaba de minar ensinando-o a fingir competência em vez de construir capacidade real.

Se o seu filho tem dificuldade com o dever de casa e falha na tarefa, ele aprende algo valioso: este assunto é difícil para mim e preciso pedir ajuda. Preciso me esforçar mais e preciso descobrir onde estou confuso.

Se você faz o dever por eles e eles tiram um A, eles não aprendem nada, exceto que o desempenho é mais importante que o crescimento.

Qual resultado realmente os servirá melhor na vida?

Seu Destino Não é o da Universal

(Não, não estou falando do parque temático. O Universal Studios é, na verdade, um dos nossos destinos favoritos.)

Tudo se resume a isso: não existe um destino universal para o qual todos devam dirigir.

Algumas pessoas querem a sala da diretoria. Algumas pessoas querem trabalhar em casa de pijama. Algumas pessoas querem construir um negócio. Algumas pessoas querem estabilidade e previsibilidade. Algumas pessoas querem aventura e risco. Sua rota é a sua própria aventura.

Nenhum desses destinos é objetivamente *mais bem-sucedido* que os outros. São apenas rotas diferentes com pontos finais diferentes que atraem motoristas diferentes.

Mas fomos ensinados a medir o sucesso como se todos tivessem que dirigir para o mesmo lugar. Como se houvesse um destino correto —geralmente definido por dinheiro, status ou visibilidade—e todos que terminam em outro lugar falharam em chegar lá.

Não é assim que as rotas funcionam.

Você está dirigindo a SUA rota para o SEU destino com base nas SUAS prioridades. Outra pessoa pegando uma rodovia completamente diferente não é evidência de que você está perdido. Ela apenas está indo para outro lugar.

O cara que se aposentou cedo para viajar pelo mundo não é mais bem-sucedido que a mulher que construiu uma empresa e trabalha 60 horas por semana. Uma mãe que fica em casa é tão bem-sucedida quanto uma mulher que fundou uma empresa. A pessoa que ganha R$ 50 mil fazendo o trabalho que ama não é menos bem-sucedida que a pessoa que ganha R$ 200 mil fazendo um trabalho que mal tolera.

Eles estão apenas em rotas diferentes, com destinos diferentes e ideias diferentes do que importa.

O sucesso não tem uma métrica universal porque não existe um destino universal.

A Pressão para Performar

Isso é difícil de internalizar porque, para onde quer que você olhe, alguém está tentando lhe vender a definição de sucesso deles.

A universidade lhe diz que sucesso significa um diploma de uma escola de prestígio. A empresa lhe diz que sucesso significa subir na hierarquia corporativa. As redes sociais lhe dizem que sucesso significa seguidores, curtidas, engajamento. Seus colegas de classe lhe dizem que sucesso significa manter o mesmo estilo de vida deles.

Em cada direção para a qual você se vira, alguém está segurando um placar e dizendo que ESTA métrica é a que importa. ESTE destino é para onde você deveria estar indo. ESTA rota é a correta.

E se você não estiver otimizando para a métrica deles, você está ficando para trás.

Só que você não está ficando para trás. Você apenas não está na corrida deles.

Você está em uma rodovia diferente, indo para um destino diferente, medindo o progresso por marcos diferentes. E é exatamente isso que você deve fazer—contanto que VOCÊ tenha escolhido a rota, em vez de deixar que todos os outros a escolhessem por você.

O Que VOCÊ Quer?

A pergunta real é: o que você realmente quer?

Não o que seus pais querem para você. Não o que a sociedade diz que você deveria querer. Não o que parece impressionante nas redes sociais. Não o que seus colegas de classe estão perseguindo.

VOCÊ. O que VOCÊ quer?

Se o dinheiro não fosse uma medida de sucesso, o que seria? Se ninguém estivesse assistindo ou julgando, qual rota você pegaria? Se você não pudesse comparar sua jornada com a de mais ninguém, qual destino importaria para você?

Essas perguntas são difíceis de responder porque você foi treinado para medir o sucesso externamente. Você olha para o que as outras pessoas têm, o que as outras pessoas conquistaram, o que as outras pessoas estão fazendo—e usa isso como a definição de sucesso.

Mas a rota deles não é a sua rota. O destino deles não é o seu destino. As métricas deles não são as suas métricas.

Você precisa descobrir o que o sucesso significa para VOCÊ. Não para seus pais, não para sua cultura, não para o Instagram. Para você.

E então você precisa dirigir em direção a esse destino sem ficar checando constantemente o retrovisor para ver se está acompanhando os carros ao seu redor.

O que significa que você provavelmente precisará desaprender o que lhe disseram.

O Odômetro, Não o Placar

Lembre-se: o seu odômetro mede as SUAS milhas percorridas na SUA rota. Ele não compara você com outros motoristas. Não classifica você em relação a todo mundo. Ele apenas mostra o quanto você avançou desde onde começou.

Portanto, 10,000 milhas em direção a um destino que você realmente escolheu é mais gratificante do que 50,000 milhas em direção a um destino que todos os outros escolheram para você.

Você não pode falhar na definição de sucesso de outra pessoa. Você só pode falhar em buscar a sua própria.

Então pare de medir sua jornada pelo placar deles. Pare de comparar sua rota cênica com a interestadual deles. Pare de pensar que está atrasado só porque eles chegaram em algum lugar antes de você.

Eles chegaram ao destino deles. Você ainda está indo em direção ao seu. E é exatamente assim que deve ser.

Não existe um exame avaliando se você escolheu a rota *certa* ou o destino *correto*.

Existe apenas a sua jornada, as suas escolhas e o fato de você estar ou não dirigindo em direção a algo que importa para você.

Parte Quatro

ÁREA DE DESCANSO

Saindo da estrada para desaprender velhos hábitos de direção.

Capítulo 9

PARE DE OLHAR PARA AS OUTRAS FAIXAS

Muito cedo na jornada, alguém lhe disse: "Você precisa ir mais rápido. Precisa ser mais veloz, melhor, o primeiro." E você acreditou, porque todo mundo também acreditava.

Agora você está em uma área de descanso. Parte Quatro da jornada. As paradas para o desaprendizado.

É aqui que você pode encostar, abrir o porta-malas e perguntar: "O que eu ando carregando? Ainda preciso de tudo isso?"

Vamos começar com algo que você carregou por quilômetros: a crença de que precisa competir.

A Competição É Ensinada em Todos os Lugares

Pense sobre isso. Tudo na vida treinou você para competir.

A escola dava notas comparando você aos seus colegas. Os esportes classificam seu time contra os outros. O trabalho media seu desempenho em uma curva. Até o entretenimento—as coisas que você faz para relaxar—tornou-se uma competição.

Jogos de videogame mostram rankings. As redes sociais contam curtidas. Aplicativos de fitness comparam seus passos com os de todo mundo.

Você não consegue nem jogar Candy Crush sem ver que a Susan está no nível 389 enquanto você está no 307. Agora você não está curtindo o jogo. Você está tentando alcançá-la.

Alcançar o quê? Para quê?

Se você vencer a Susan e chegar ao nível 401, o que você ganha? Nada. Nem dinheiro, nem status, nem mesmo o respeito da Susan, porque ela provavelmente nem está pensando em você. Você ganha o conhecimento de que está na frente em um placar que só existe na sua cabeça.

Esse padrão não começou com os videogames. Você o aprendeu lá atrás, na sua cidade natal, provavelmente antes mesmo de poder dirigir. Você aprendeu que ser o primeiro importa. Vencer é tudo. Ficar para trás significa que você está perdendo.

E você vem carregando essa crença desde então—centenas de quilômetros rodados pela rodovia, passando por dezenas de cidades, entrando em territórios completamente desconhecidos.

Talvez seja hora de encostar e perguntar: você ainda precisa disso?

Bem-vindo à Área de Descanso

Você já está dirigindo há algum tempo. Você deixou sua cidade natal. Entrou na rodovia. Viu como tudo é relativo, como as memórias pertencem aos outros, como o sucesso não tem uma métrica universal.

Você aprendeu muito sobre o que tem te sobrecarregado.

Agora chega a parte em que você pode deixar um pouco disso de lado.

Não porque você estava errado em carregar. Não porque você deveria saber o que estava fazendo. Mas porque você tem permissão para viajar mais leve. Você tem permissão para olhar para o que empacotou lá na sua cidade natal e dizer: "Eu não preciso mais disso."

A competição é uma dessas coisas.

Disseram-lhe que a competição era necessária. Que é assim que você sobrevive, como você prospera, como você prova que tem valor. Todo mundo na sua cidade natal acreditava nisso. Seus pais acreditavam. Seus professores acreditavam. Seus amigos acreditavam. Então você também acreditou.

E fazia sentido lá atrás. Naquele contexto. Naquela cidade onde todos se mediam em relação aos outros, onde cada conquista era uma classificação, onde cada sucesso era relativo ao fracasso de outra pessoa.

Mas você não está mais naquela cidade.

Olhe pelo retrovisor. Aquela cidade ficou quilômetros para trás. E, no entanto, você ainda dirige como se estivesse navegando por aquelas ruas antigas, ainda competindo como se estivesse naquela velha corrida, ainda carregando aquela crença pesada de que precisa vencer todos ao seu redor para ter importância.

Você não precisa.

Você pode deixar isso para lá agora.

A Mala Que Você Vem Carregando

Pense na competição como uma mala que alguém lhe entregou quando você saiu de casa. "Você vai precisar disso para a viagem" disseram. E você acreditou porque todo mundo também tinha uma.

Mas você está em uma parada de descanso agora. Você pode abrir essa mala. Olhar o que realmente tem dentro.

Talvez você encontre: a crença de que ser o primeiro significa que você é digno. A ansiedade de ficar para trás. A exaustão de correr contra todos ao seu redor. O hábito de medir sua alegria em relação ao desapontamento de outra pessoa. O medo de que, se não estiver competindo, você está desistindo.

Pois bem, aí está. Nada disso está melhorando sua condução. Nada disso está ajudando você a aproveitar a rota. Nada disso é necessário para onde você está indo.

Então, por que continuar carregando?

Não porque você seja mau por ter isso. Não porque você deveria ter soltado antes. Mas você pode escolher o que levará para a próxima cidade. E a competição? Essa pode ficar na parada de descanso.

Mas e a Ambição?

Então, o que você está pensando?—Se eu parar de competir, não vou perder minha motivação? Não vou ficar para trás? Não vou parar de me importar com o progresso?

Não.

Desaprender a competição não significa que você pare de tentar. Não significa que você pare de crescer. Não significa que você deixe de ter objetivos.

Significa que você para de medir seu crescimento pelo número de pessoas que ultrapassou. Significa que você para de definir o sucesso baseando-se em estar à frente ou atrás. Significa que você para de deixar que as jornadas de outras pessoas determinem o valor da sua.

Você ainda vai querer melhorar. Mas você estará melhorando porque quer ver até onde consegue chegar, não porque precisa provar que é melhor do que outra pessoa.

Você ainda traçará metas. Mas elas serão as suas metas, baseadas no seu destino, não na ideia de outra pessoa sobre onde você deveria estar agora.

Você ainda vai trabalhar duro. Mas trabalhará em algo que realmente importa para você, não para se manter à frente em uma corrida na qual nunca se inscreveu.

A diferença: você vai aproveitar a viagem.

Como É o Desaprendizado

Não é algo dramático. Não é um momento único em que tudo se encaixa e você fica subitamente livre.

É encostar em paradas de descanso como esta e perguntar: "O que eu ainda carrego da minha cidade natal? Preciso disso para onde estou indo?"

É perceber quando você está correndo e escolher, em vez disso, apenas dirigir.

É flagrar-se comparando e redirecionar: "Essa é a rota deles, não a minha."

É ver seu filho ter dificuldades—com o dever de casa, com amiza-des, com contratempos—e deixá-lo navegar por isso. Não porque você não se importe, mas porque se importa o suficiente para deixá-lo cons-truir suas próprias capacidades. Não se trata de controle. É um relacio-namento baseado no respeito.

Deixe que eles tenham sua própria jornada. Deixe que tenham sucesso em seus próprios termos. Deixe que falhem e descubram que podem se recuperar. Isso é a vida. É assim que a jornada funciona.

As notas deles não fazem de você um pai melhor. As conquistas deles não validam suas escolhas. O desempenho deles não determina o seu valor.

Você é o pai deles, não o marcador de pontos. E a parte bonita? Quando você para de competir através deles, eles param de competir por você. Eles passam a ser apenas crianças descobrindo sua própria rota.

Iso não é desistir deles. É dar a eles espaço para dirigirem sozinhos.

O Caminho Em Que Você Está Agora

A rodovia em que você está agora não funciona como a sua cidade natal. As regras aqui são diferentes. As prioridades aqui são diferentes. O que importava lá atrás não precisa importar aqui.

Lá atrás, todos corriam. Todos comparavam. Todos mediam seu valor por sua classificação. Era simplesmente o que se fazia.

Mas você está em um território novo agora. Você passou por cidades diferentes. Viu formas diferentes de dirigir. Aprendeu que nem todos definem o sucesso da mesma maneira, que nem todos estão indo para o mesmo destino, que nem todos estão correndo.

Algumas pessoas estão apenas dirigindo. Aproveitando o trajeto. Parando quando sentem vontade. Seguindo seu próprio ritmo.

E elas parecem... mais leves. Menos estressadas. Mais presentes.

Talvez seja porque elas desempacotaram a competição em algum lugar do caminho. Talvez tenham parado em uma área de descanso como esta e dito: "Não preciso mais carregar isso."

Você também pode fazer isso. E se estiver preocupado em não

conseguir se achar sem a corrida—não se preocupe. Sua rota encontra um caminho.

Você Não Está Desistindo

A parte mais difícil de desaprender a competição é que parece que você está desistindo.

Se você parar de correr contra todos ao seu redor, está desistindo? Se parar de comparar sua rota com a de todos os outros, está se acomodando? Se parar de medir seu valor pelo seu ranking, está perdendo a ambição?

De jeito nenhum.

Você está apenas escolhendo definir o progresso de forma diferente. Está escolhendo medir o crescimento pelos seus próprios padrões, em vez do placar de outra pessoa. Está escolhendo aproveitar as cidades pelas quais está passando, em vez de correr por elas para chegar na frente.

Isso não é desistir. Isso é acordar.

Você passou quilômetros *talvez anos* correndo contra pessoas que nem sequer estão indo para o seu destino. Comparando-se a motoristas em rotas completamente diferentes. Estressando-se por estar à frente ou atrás em uma competição que só existe na sua cabeça.

E se você simplesmente... parasse?

E se dirigisse em um ritmo que parecesse certo para você? E se aproveitasse a paisagem em vez de ficar encarando os carros ao seu redor? E se medisse seu dia pelo fato de ter avançado, não por ter ultrapassado alguém?

Você ainda chegaria para onde está indo. Só aproveitaria a viagem muito mais.

A Próxima Cidade Não Exige Competição

Olhe para frente. Está vendo aquela próxima cidade no horizonte?

Você não precisa de competição para chegar lá. Nunca precisou.

A competição foi algo que sua cidade natal lhe ensinou. Não é uma lei da rodovia. Não é obrigatória na jornada. É apenas um hábito que você adquiriu lá atrás e continuou praticando porque todo mundo também estava fazendo.

Mas a rodovia é longa. A rota é sua. E você decide o que leva consigo.

Vale a pena manter algumas coisas da sua cidade natal. Algumas lições, alguns valores, alguns hábitos—funcionam bem para você, tornam a viagem melhor e ajudam você a navegar. O passado é uma lição, não um projeto.

Mas a competição? Isso é peso morto. É o que o deixa ansioso quando você deveria estar apreciando a vista. É o que transforma cada trecho da rodovia em uma corrida que você não pode vencer.

Você pode deixá-la aqui.

Sem vergonha. Sem arrependimento. Apenas com o simples reconhecimento: "Eu não preciso disso para onde estou indo."

Dirigindo Para Frente

Quando você sair desta parada de descanso, ainda verá outros carros. Ainda notará alguns indo mais rápido, outros mais devagar. Isso não vai mudar.

O que muda é o que você faz com essa observação.

Em vez de acelerar para ultrapassá-los, você pode apenas pensar: "Eles estão indo para algum lugar. Eu estou indo para algum lugar. Estamos ambos viajando."

Em vez de se sentir para trás, você pode apenas pensar: "Estou exatamente onde preciso estar na minha rota."

Em vez de comparar sua jornada com a deles, você pode apenas pensar: "Pergunto-me para onde eles estão indo."

É assim que desaprender a competição se parece. Nada dramático. Não é perfeito. É apenas deixar de lado, gradualmente, a crença de que você precisa vencer todos ao seu redor para ser importante.

Você importa porque está na sua jornada. Porque está seguindo sua rota. Porque está aqui, avançando, fazendo escolhas, navegando por sua vida.

Não porque você esteja à frente de alguém. Não porque esteja vencendo. Apenas porque você é você, e sua jornada lhe pertence.

Não há nenhum exame avaliando se você acompanhou o fluxo do trânsito.

Existe apenas a sua rota, as suas escolhas e a liberdade de dirigir sem correr contra todos ao seu redor.

Bem-vindo a esta área de descanso. Fique quanto tempo precisar. E, quando estiver pronto, continue dirigindo—mais leve do que antes.

Capítulo 10

A RODOVIA PERTENCE A TODOS

Veículos de todos os tipos e cores imagináveis compartilham esta rodovia com você.

Sedãs e SUVs. Híbridos e carros elétricos. Carros movidos a gasolina, carros movidos a diesel. Motocicletas costurando entre as faixas. Carretas de dezoito rodas transportando carga. Trailers seguindo seu próprio ritmo. Transmissões manuais, transmissões automáticas, alguns veículos que você nem consegue categorizar.

Motores diferentes. Tamanhos diferentes. Capacidades diferentes. Propósitos diferentes.

E todos compartilham a mesma rodovia.

A estrada não pergunta que tipo de motor você tem antes de deixá-lo entrar. Ela não exige um tipo específico de transmissão. Ela não mede sua eficiência de combustível nem julga sua escolha de veículo. A rodovia acomoda a todos porque ela entende algo fundamental: estamos todos apenas tentando chegar a algum lugar.

Veículos diferentes. Jornada igual. O mesmo direito de viajar com segurança.

A Mala que Você Não Arrumou

Em sua última parada para descanso, você desfez a mala da competição. Você olhou para aquela crença pesada e disse: "Eu não preciso mais disso."

Mas há outra mala no seu porta-malas. Uma que você nem sequer arrumou. Uma que foi carregada antes de você começar a dirigir, lá na sua cidade natal, antes de você ter idade suficiente para questionar se a queria.

Ela está etiquetada como *divisão*.

Dentro, você encontrará: a crença de que alguns veículos pertencem à rodovia mais do que outros. O hábito de categorizar os motoristas em *nós* e *eles*. A suposição de que diferente significa separado. A ideia de que a diversidade é algo a ser tolerado, em vez de algo que simplesmente... é.

Nada disso foi ideia sua. Você herdou isso. Sua cidade natal ensinou. A cultura ao redor reforçou. Você a carrega há tanto tempo que talvez nem perceba que ela está lá.

Mas você está em outra parada agora. Você também pode abrir essa mala.

A Realidade de Uma Só Raça

Veja o que as evidências realmente mostram sobre os indivíduos: somos apenas uma raça. Somos a raça humana.

Não metaforicamente. Não filosoficamente. Literalmente.

Somos todos da mesma espécie. Expressões diferentes do mesmo projeto. Pinturas diferentes no mesmo veículo fundamental.

Neil deGrasse fez uma vez uma versão desta indagação cósmica: quando imaginamos alienígenas, por que sempre os visualizamos com dois braços, duas pernas, uma cabeça no topo—basicamente humanoides? Olhe para a Terra. Temos peixes, moluscos, insetos, aranhas, plantas, fungos, mamíferos de todas as formas imagináveis. Bilhões de formas de vida que não possuem a forma humana de maneira alguma.

Então por que os alienígenas seriam parecidos conosco?

Nós os imaginamos assim porque somos o ponto de referência.

Estamos tão focados em nossa própria forma que assumimos que a inteligência, a consciência e a vida avançada devem se parecer conosco.

Mas eis o que isso revela: já sabemos que a diversidade é a norma. Nós a vemos em todos os lugares da Terra. E, no entanto, quando se trata de humanos? Agimos como se estivéssemos surpresos pelo fato de sermos todos basicamente iguais. Criamos divisões baseadas em variações menores—tom de pele, formato dos olhos, textura do cabelo— quando a realidade é que somos incrivelmente semelhantes. Apenas tons diferentes do mesmo design básico.

Tons de pele diferentes não são raças diferentes. São apenas cores diferentes do mesmo veículo. Como carros saindo da mesma linha de montagem com opções de pintura distintas. Azul, vermelho, branco, preto—o mesmo carro, acabamento diferente.

Nós já sabemos disso. Na verdade, já aceitamos isso com outras espécies.

Olhe para os cães. Bilhões de cães. Milhões dentro de cada raça. Eles vêm em todas as combinações de cores imagináveis—preto, marrom, branco, malhado, listrado. Os cães se importam com a cor do pelo de outro cão? Eles se julgam com base na cor da pelagem? Eles se dividem em *nós* e *eles* baseados no fato de serem dourados ou marrom-escuros?

Não, eles são apenas cães. Cores diferentes da mesma espécie. E eles sabem disso.

Nós somos iguais. Cores diferentes da mesma espécie. Nós apenas esquecemos de agir como se soubéssemos disso.

O Paradoxo da Travessia de Fronteira

Na minha cidade natal, eu vivia a duas horas da fronteira. Eu dirigia para o norte, rumo ao Texas, regularmente.

A mesma pessoa. O mesmo carro. A mesma jornada. Mas, de repente, eu ganhava um novo rótulo ao atravessar.

Em Monterrey, eu era apenas uma pessoa. No Texas, eu era uma PoC—uma pessoa de cor, um termo usado nos Estados Unidos para categorizar qualquer pessoa que não seja branca. Eu fazia parte de uma minoria. Latino. Hispânico. Rótulos que não existiam para mim duas horas ao sul.

Nada em mim mudou. Continuo sendo eu, no mesmo carro, na mesma rodovia. Mas os rótulos continuavam mudando com base em onde eu estava e em quem estava rotulando.

Mas as divisões não são reais. São apenas linhas que desenhamos em mapas e depois fingimos que definem quem as pessoas são.

Eu não atravessei uma fronteira e me tornei uma espécie diferente. Eu não me transformei subitamente em um tipo diferente de humano. Eu era a mesma pessoa que era duas horas atrás, dirigindo a mesma rota, com o mesmo destino.

A divisão foi inventada. E se foi inventada, pode ser desinventada.

A Verdade do *Doppelgänger*

Somos uma espécie só. Expressões diferentes do mesmo projeto, sim. Mas aqui está algo interessante: com traços finitos e 120 bilhões de seres humanos que já existiram, sósias não são apenas possíveis—eles são, de certa forma, esperados.

Pense nisso. Espaçamento dos olhos, formato do nariz, estrutura das maçãs do rosto, linha da mandíbula, textura do cabelo—há muitas combinações possíveis, mas ainda é um número finito. Quando você tem 120 bilhões de versões da espécie passando por essas combinações, as chances são altas de que certos conjuntos de traços se repitam.

Nós apontamos para eles porque parecem tão estranhos—como se uma pessoa de 200 anos atrás tivesse acabado de reencarnar—mas, matematicamente, é quase inevitável.

Você já deve ter visto aquelas fotos: celebridades que parecem idênticas a figuras históricas de décadas ou séculos atrás. Enzo Ferrari e Mesut Özil, separados por décadas, praticamente gêmeos. Atores que se parecem exatamente com pessoas de fotografias antigas. Estranhos na internet que poderiam ser irmãos, mas nunca se conheceram.

Nós agimos com surpresa diante disso. "Nossa, eles são tão parecidos!"

Mas por que estamos surpresos? Somos todos moldados com as

mesmas características básicas, apenas misturadas em proporções diferentes.

Cães parecem idênticos sem serem parentes. O mesmo acontece com gatos. O mesmo com qualquer espécie com uma grande população. Combinações limitadas com traços finitos significam que você terá repetições.

Não somos tão diferentes uns dos outros. Nunca fomos. Somos todos variações sobre o mesmo tema, construídos a partir do mesmo projeto, dirigindo os mesmos tipos de veículos na mesma rodovia.

As divisões que vemos? Fomos ensinados a vê-las. Elas não fazem parte da realidade. Elas fazem parte da maneira como aprendemos a olhar para a realidade.

Condições Diferentes, Mesma Espécie

Algumas pessoas são extrovertidas. Algumas são introvertidas. Algumas são heterossexuais. Algumas são gays. Algumas são canhotas. Algumas são autistas. Algumas são altas. Algumas são baixas. Algumas são barulhentas. Algumas são quietas.

Condições diferentes. Preferências diferentes. Formas diferentes de ser.

Mesma espécie. Mesma rodovia. O mesmo direito de dirigir sua própria rota.

Apoiar as pessoas para que vivam suas vidas com alegria e autenticidade não deveria ser político ou controverso: é apenas humano. Estamos aqui para dar aos outros o mesmo espaço que queremos para nós mesmos.

Se alguém a milhares de quilômetros de distância acredita em uma religião diferente da sua e isso o faz feliz, como isso afeta a sua vida? Por que você iria querer forçá-lo a acreditar na mesma religião que você? Se alguém expressa seu gênero de forma diferente da sua, como isso muda a sua rota? Se o cérebro de alguém funciona de forma diferente do seu, processa o mundo de forma diferente, encontra alegria em coisas diferentes—como isso afeta para onde você está indo?

Não afeta.

Eles estão dirigindo o veículo deles. Você está dirigindo o seu.

Vocês estão ambos na mesma rodovia, indo para destinos diferentes, vivendo vidas diferentes que na verdade não se cruzam, exceto pela estrada compartilhada sob vocês.

E se você está preocupado que seu filho possa aprender algo com outro carro *algo que você não quer que ele aprenda* comece dentro do seu próprio carro. Seja você o exemplo. Seja você o motorista que eles estão observando. Seu filho está no seu veículo, vendo como você navega, como trata outros motoristas, como responde às diferenças na rodovia.

Eles estão aprendendo com a sua condução, não com os carros que passam.

A divisão—a crença de que a rota diferente deles de alguma forma ameaça ou diminui a sua—é algo que sua cidade natal lhe ensinou. É algo que você tem carregado no seu porta-malas, ocupando espaço, adicionando peso, tornando sua viagem mais pesada do que precisa ser.

Você pode descarregar isso agora.

A Rodovia Não Discrimina

A rodovia acomoda todos os veículos porque ela não está interessada em suas diferenças. É apenas uma estrada. Ela suporta o peso de sedãs e caminhões da mesma maneira. Ela deixa as motocicletas irem rápido e os trailers irem devagar sem julgar nenhum dos dois.

A rodovia funciona porque foi projetada para a diversidade, não para a uniformidade.

Imagine se a rodovia acomodasse apenas um tipo de veículo. Apenas sedãs permitidos. Se você estivesse dirigindo um caminhão? Azar o seu, procure outra rota. Motocicleta? Não é bem-vinda aqui. Carro elétrico? Apoiamos apenas motores a gasolina.

Isso seria absurdo. A rodovia estaria vazia. Metade dos veículos ficaria parada em estradas secundárias, incapaz de chegar aonde precisa, porque a estrada decidiu que suas diferenças os desqualificavam.

É isso que a divisão faz. Ela pega uma rodovia projetada para acomodar a todos e a transforma em uma rota restrita onde apenas certos veículos são *permitidos*. Não porque esses veículos sejam inerentemente melhores. Apenas porque alguém decidiu traçar linhas arbitrárias sobre quem pertence ao lugar.

A rodovia não se importa com o que você está dirigindo. Ela apenas se importa que você esteja viajando com segurança, compartilhando a estrada, sem tentar tirar outros veículos do caminho só porque eles parecem diferentes do seu.

Talvez o carro que você está julgando agora porque parece diferente seja aquele que pararia para ajudá-lo quilômetros à frente quando você tivesse um pneu furado. Talvez você esteja no trânsito agora, cercado de veículos, mas aquele carro seja o único perto de você em um trecho da rodovia a quilômetros de distância da cidade. Agora ele o verá, e você será aquele que estará pedindo ajuda.

Então, se o seu carro quebrar e precisar de uma *transfusão* de combustível, você não vai recusar ajuda porque o chassi do outro motorista não combina com o seu ou porque ele está ouvindo Lady Gaga no rádio. Você só precisa daquilo que o mantém vivo na estrada.

A Perspectiva da Proximidade

Simon Sinek, um dos meus autores favoritos, famoso pelo livro *Comece pelo Porquê*, e um defensor da mentalidade do *Jogo Infinito*—na qual este livro floresce e se baseia—conta uma história sobre como a proximidade influencia a conexão. Deixe-me colocar desta forma:

Seu vizinho. Aquele que mora do outro lado da rua.

Se você o vê na sua rua, pode ser que acene. Pode ser que não. Depende do dia. Ele é apenas mais uma pessoa no seu bairro.

Se você vê o mesmo vizinho em outra cidade—de forma completamente inesperada—você para. "Ei! O que você está fazendo aqui?" Vocês conversam por alguns minutos. Trocam gentilezas. Depois, cada um segue seu caminho.

Se você o vê em outro país, caramba! Em um lugar onde se fala uma língua distinta? Onde tudo parece estranho? Você VAI abordá-lo. Vocês vão conversar por um tempão. Vão fazer planos. Você encontrou um rosto familiar (familiar no sentido de que agora ele é quase da família, né?), alguém que fala a sua língua.

Agora imagine que você é um astronauta. Você é enviado para a

Estação Espacial Internacional. Quando chega lá, vê o seu vizinho. Mentira! Puta que pariu!

De repente, ele se torna a pessoa mais importante da sua vida.

Aquele mesmo cara para quem você nem acenaria do outro lado da rua? Lá em cima, a milhões de quilômetros da Terra, ele é a pessoa mais importante da sua vida. Vocês estão flutuando no espaço juntos. O contexto faz dele seu irmão.

Agora leve isso adiante: imagine a pessoa que você odeia. Aquela que torce para o time rival. Aquela com visões políticas completamente opostas. Aquela que você evita em reuniões de família.

Se ambos fossem designados para uma missão na ISS, vocês não deixariam as diferenças de lado?

Lá em cima, vocês não são oponentes. Vocês são a espécie mais parecida que existe. Não a mais diferente—a mais parecida. Porque todo o resto está a milhões de quilômetros de distância, na Terra.

Quanto mais longe você está, mais as semelhanças importam. Quanto mais perto de casa, mais fácil é focar nas diferenças.

Quando você está no seu bairro, cercado por familiaridade, as divisões parecem importantes. Mas coloque-se longe—em outro país, em uma estação espacial, a milhões de quilômetros da Terra—e de repente essas divisões desaparecem. Você apenas vê pessoas. Outros seres humanos. Motoristas na mesma rodovia.

Quando os Rótulos Importam

Nos anos 1800, ser canhoto era visto como bruxaria. Feitiçaria. Algo de errado com você. Alguns pais amarravam a mão esquerda das crianças nas costas para forçá-las a usar a mão direita. As escolas puniam as crianças por escreverem com a mão *errada*.

Hoje? Ninguém se importa se você é canhoto ou destro.

O rótulo só importa em contextos específicos. Se você é um treinador de futebol americano tentando proteger o lado cego do seu quarterback, saber se ele é canhoto ou destro importa. Esse rótulo, nesse contexto, faz sentido.

Mas para fins cotidianos? É irrelevante. Você não vê celebridades anunciando: "Ei, pessoal, reuni a mídia aqui hoje para este anúncio especial, quero que saibam: eu sou canhoto!" Você não vê a cobertura jornalística de alguém *saindo do armário* como canhoto.

Esse mesmo princípio se aplica a tudo o que tratamos como divisões: orientação sexual, identidade de gênero, religião, neurodivergência, origem cultural. Os rótulos podem importar em contextos específicos—contextos médicos, sociais, jurídicos—onde precisam ser reconhecidos e protegidos.

Mas para a interação cotidiana? Para decidir se alguém merece respeito, dignidade, espaço para dirigir sua própria rota? Os rótulos são tão irrelevantes quanto ser canhoto.

Os Três Passos

Penso que a jornada em direção à verdadeira não-divisão (também conhecida como inclusão) segue estes passos:

1. Conscientização: Reconhecer que as diferenças existem e são comuns. Isso funcionou desde os anos 1800 para os canhotos. Entender que a neurodiversidade existe. Que as pessoas têm orientações diferentes. Que mais de 8 bilhões de pessoas significam mais de 8 bilhões de expressões diferentes de ser humano.

2. Aceitação: Entender por que alguém pode ser diferente— por que tem gostos diferentes, por que precisa de silêncio, por que reage fortemente a mudanças, por que se expressa de forma diferente—e adaptar-se para ser mais inclusivo. Não apenas tolerar, mas realmente abrir espaço.

3. Indiferença (do tipo positivo): Chegar a um ponto em que essas diferenças são apenas mais uma variação natural humana. Como ser canhoto é hoje. Não é algo sobre o qual você precisa comentar, celebrar ou criticar. Apenas... faz parte de como os seres humanos são.

Não podemos forçar o passo 2. Não podemos obrigar as pessoas a aceitar o que não estão prontas para aceitar. Mas podemos absolutamente defender o passo 1—a conscientização. Podemos apontar que estamos todos na mesma rodovia, dirigindo veículos diferentes, e é assim que as rodovias funcionam.

E se pessoas o suficiente alcançarem a conscientização? A aceitação vem em seguida. E a indiferença—aquela em que ninguém se importa com quem você ama, como você pensa ou o que o torna diferente, porque somos todos apenas pessoas tentando chegar a algum lugar—torna-se a consequência natural. O ciclo se fecha. De *diferente* de volta para *apenas pessoas".

As 8 Bilhões de Realidades

Se você é um entusiasta de rótulos, se precisa colocar uma etiqueta em cada pessoa diferente para categorizá-la adequadamente, vai acabar com 8 bilhões de rótulos.

Porque cada pessoa é uma pessoa diferente.

Nem mesmo gêmeos idênticos são a mesma pessoa. Eles são a prova viva de que se pode ter a aparência exatamente igual e ainda assim ser duas pessoas completamente diferentes por dentro. Muitas vezes são opostos em termos de comportamento, preferências e personalidades.

Todos são diferentes. Então, por que sempre queremos que todos sejam iguais?

Por que queremos que todos pensem da mesma forma? Que tenham as mesmas crenças políticas que nós? As mesmas visões religiosas? Que gostem das mesmas coisas, assistam aos mesmos filmes, frequentem o mesmo templo para rezar—ou sejam agnósticos como nós?

Por que esperamos que todos tenham as mesmas capacidades, a mesma mentalidade, a mesma abordagem da vida?

Somos mais de 8 bilhões de expressões diferentes (e vivas) da mesma espécie. Veículos diferentes na mesma rodovia. E, no entanto, gastamos tanta energia tentando forçar todos na mesma categoria, na mesma faixa, na mesma rota.

Não é assim que as rodovias funcionam. Não é assim que as espécies funcionam.

Você Tem Permissão para Desapegar Disso

A divisão pode parecer algo que você precisa proteger. Algo que o mantém seguro. Algo que o ajuda a navegar.

Mas olhe para o que ela realmente faz: torna você desconfiado dos outros motoristas. Faz você ver ameaças onde elas não existem. Faz você desperdiçar energia categorizando pessoas em vez de apenas dirigir sua rota. Transforma cada interação em uma avaliação: eles são como eu ou não? Posso confiar neles ou devo me preocupar?

Isso é exaustivo. Isso gera ansiedade. Isso não está melhorando a sua viagem.

Você não precisa se dar bem com todo mundo. Você não precisa estar rodeado de pessoas que pensam de forma completamente diferente da sua. Elas estão dirigindo a rota delas. Você está dirigindo a sua. A rodovia acomoda ambos sem exigir que dirijam juntos.

Há uma razão para existirem várias faixas.

Você tem permissão para desapegar disso. Você tem permissão para ver outros veículos como apenas... outros veículos. Diferentes do seu, com certeza. Mas compartilhando a mesma estrada, tentando chegar a algum lugar, lidando com o mesmo trânsito, clima e zonas de obras que você.

Não são ameaças. Nem competição. Apenas outros viajantes na mesma rodovia.

Você não precisa mais carregar a divisão. Ela lhe foi entregue na sua cidade natal. Você a vem arrastando por quilômetros. Mas você está em uma parada agora. Pode deixá-la aqui.

Não porque você estava errado em tê-la. Não porque deveria saber o que era certo. Mas porque você tem permissão para viajar mais leve. Porque a próxima cidade para a qual você está indo? Ela não exige que você divida as pessoas em categorias antes de permitir a sua entrada.

Você pode simplesmente dirigir. E deixar as outras pessoas dirigirem também.

O Que Muda Quando Você Desaprende a Divisão

Quando você sai desta parada sem aquela mala, eis o que muda:

Você para de ver *nós* contra *eles*. Você vê pessoas.

Você para de categorizar os motoristas pelo tipo de veículo. Você reconhece que eles estão em jornadas assim como você.

Você para de se sentir ameaçado pelas diferenças. Você as vê apenas como... expressões diferentes da mesma coisa.

Você para de desperdiçar energia policiando quem pertence à rodovia. Você foca na sua própria rota, no seu próprio destino, na sua própria condução.

Isso não é ingenuidade. Não é ignorar problemas reais. É apenas escolher ver a realidade com clareza: somos todos da mesma espécie, dirigindo na mesma rodovia, tentando chegar a algum lugar que importa para nós.

Veículos diferentes. Rotas diferentes. Destinos diferentes. O mesmo direito fundamental de fazer a jornada.

Não há um exame avaliando quem está torcendo pela melhor visão política ou religião.

Existe apenas a rodovia, acomodando cada veículo, e a sua escolha de dirigir com o peso da divisão ou com a leveza de saber que somos todos apenas pessoas tentando chegar a algum lugar.

Bem-vindo a esta área de descanso. Desfaça essa mala. Deixe a divisão para trás.

E, quando estiver pronto, continue dirigindo—em direção a uma cidade onde todos são bem-vindos na estrada.

Capítulo 11

O MAPA DELES NÃO É O SEU

Você não está percorrendo a mesma rota que ninguém. Você não começou no mesmo lugar. Não está indo para o mesmo destino. Seu veículo não é o mesmo. Seus passageiros não são os mesmos. Suas limitações não são as mesmas.

Portanto, quando alguém lhe diz: "Se isso funcionou para mim, você deveria fazer também", o que essa pessoa está realmente lhe dando são direções do ponto de partida dela para o destino dela, no veículo dela, sob as condições dela.

Esse é o detalhe sobre conselhos—eles sempre vêm acompanhados de um contexto invisível. Quantas vezes você já deu conselhos? Compartilhamos dietas, carreiras, estratégias de criação de filhos, truques de produtividade e conselhos amorosos com absoluta certeza. Alguém encontra algo que funciona em sua vida e imediatamente quer compartilhar—de forma genuína, entusiasta e convencida de que aquela é a solução definitiva.

E às vezes é. Para eles. No contexto deles. Com o veículo deles, nas estradas deles, com seus passageiros e limitações específicas.

A armadilha do conselho não é aceitá-lo. É esquecer que todo conselho vem com um asterisco invisível: funcionou na minha situação específica.

A Origem que Você Não Consegue Ver

Quando alguém lhe dá um conselho, está compartilhando o caminho da cidade natal dessa pessoa até o destino dela. Ela conhece cada placa de sinalização, cada padrão de tráfego, cada atalho. O que ela não consegue ver é que você não está partindo da cidade dela—você está partindo da sua.

O conselho dela faz todo o sentido. Para alguém saindo daquela localização, com aquele veículo, indo para onde ela está indo.

A armadilha é presumir que a rota dela funcionará a partir do seu ponto de partida.

Pense em direções de direção. Se alguém lhe diz: "Vire à esquerda no grande carvalho à sua direita", isso só é útil se você estiver vindo da mesma direção que a pessoa estava. De um ângulo diferente, você pode nem ver o carvalho. Ou verá três carvalhos. Ou talvez o carvalho tenha sido derrubado no ano passado, mas a pessoa não passa por aquela rota desde então.

As direções não estão erradas. Elas apenas não são universais.

A Mala Cheia do Contexto Alheio

Cada conselho vem carregado de contexto. A situação profissional, a estrutura familiar, a personalidade, a posição financeira, a saúde, os valores, os medos, as experiências. Tudo isso é invisível para você, embutido na recomendação como uma mala que você não consegue ver.

Alguém lhe diz para acordar às 5 da manhã porque isso mudou a vida dessa pessoa. O que ela não menciona: ela é uma pessoa matutina, não tem filhos, vai para a cama às 21h, trabalha em casa e adora ter um tempo tranquilo antes de o mundo acordar. Ela até compartilha vídeos nas redes sociais de suas rotinas matinais com horários que não incluem o tempo que levou para montar a câmera.

Você tenta. Você é uma pessoa noturna, tem um filho pequeno que acorda duas vezes por noite, seu trajeto para o trabalho começa às 7h e seus melhores pensamentos surgem depois das 22h.

O conselho dela era real. O seu contexto é diferente. O conselho não se aplica.

Alguém recomenda que você peça demissão e siga sua paixão, assim como essa pessoa fez. O que é invisível nesse conselho: ela tinha seis meses de reserva financeira, um parceiro que a apoiava com renda estável, nenhum filho, um bom plano de saúde através do cônjuge e uma habilidade rentável que já vinha desenvolvendo nos fins de semana.

Você tem três meses de aluguel guardados, é o principal provedor, tem dois dependentes e sua paixão é algo que leva anos para monetizar.

O conselho dela não estava errado na situação dela. Pode ser catastrófico na sua.

A Reflexão na Parada de Descanso

Examine os conselhos que você tem carregado. Não para rejeitá-los, mas para entender de onde vieram.

Aquele sistema de produtividade que faz você se sentir culpado porque não consegue mantê-lo? Ele foi projetado por alguém com níveis de energia diferentes, responsabilidades diferentes e uma química cerebral diferente da sua.

Aquele conselho de relacionamento que nunca parece funcionar? Veio de alguém em um tipo diferente de relacionamento, com estilos de comunicação diferentes, históricos diferentes, necessidades diferentes.

Aquela estratégia de educação de filhos que faz você sentir que está fracassando? Foi escrita por alguém com filhos diferentes, recursos diferentes, redes de apoio diferentes.

Nada disso torna o conselho ruim. Isso torna o conselho contextual.

O Experimento Mental da Viagem à Disney

Alguém observa e critica uma família por ter um cronograma rígido na Disney—cada brinquedo planejado, cada refeição com hora marcada, cada ponto de foto mapeado. Eles estão estressados demais! Deveriam apenas relaxar e aproveitar!

Mas eis o que esse crítico não consegue ver: talvez aquela família tenha economizado por anos para essa viagem. Talvez esta seja a única chance que terão de ir. Talvez ter um plano signifique que eles realmente conseguirão vivenciar tudo pelo que economizaram, em vez de ficarem vagando sobrecarregados. Talvez os pais genuinamente gostem de planejar—essa organização não é estresse para eles. É como eles se divertem.

O conselho do crítico ("apenas relaxe!") vem do contexto dele: talvez ele more perto o suficiente para visitar regularmente, talvez tenha passes anuais, talvez a espontaneidade seja a forma como ele gosta de aproveitar as coisas.

Nenhuma das abordagens está errada. São veículos diferentes em jornadas diferentes.

A armadilha do conselho é pensar que a sua maneira de aproveitar a Disney (ou qualquer outra coisa) deveria funcionar para todo mundo.

O Que *Diversão* Realmente Significa

Pergunte a dez pessoas como é um *fim de semana divertido* e você terá dez respostas completamente diferentes:

Alguém que trabalha em casa pode querer se arrumar e ir a algum lugar barulhento e social.

Alguém que trabalha no comércio pode querer ficar em casa de pijama e não ver absolutamente ninguém.

Alguém que fica sentado em uma mesa o dia todo pode querer fazer uma trilha.

Alguém que passa a semana toda de pé pode querer deitar no sofá e maratonar uma série.

Quando qualquer uma dessas pessoas diz: "Você deveria tentar isso, é muito divertido!", elas querem dizer que é divertido para alguém com a energia delas, as preferências delas, o contexto delas. Elas não estão erradas. Elas são contextuais.

A armadilha é ouvir o *você deveria* como se fosse uma prescrição universal, em vez de "isso funcionou a partir do meu ponto de partida".

Pare de Seguir o GPS de Outra Pessoa

Seu GPS está programado para o SEU destino. Não o deles.

Alguém lhe diz: "Você precisa fazer mais networking para avançar na sua carreira." Isso pode ser verdade se você trabalha com vendas, se é extrovertido, se está em um setor onde os relacionamentos impulsionam as oportunidades.

Pode estar completamente errado se você está em uma área onde seu trabalho fala por si só, se está construindo algo que exige anos de esforço individual focado, se você avança por meio da especialização e não de conexões.

O GPS deles não está mentindo. Ele apenas não está calibrado para a sua rota.

Alguém diz: "Você precisa economizar 20% da sua renda." Esse é um conselho sólido se você ganha o suficiente para que 20% seja possível, se não tem dívidas te esmagando, se não tem dependentes que contam com você, se não tem despesas médicas consumindo seu salário.

É um conselho inútil se você mal consegue cobrir o aluguel.

O conselho em si não é ruim. O contexto é tudo.

Modelos de Inspiração vs. Imitação

Você pode observar como outra pessoa dirige e se inspirar. Pode notar a técnica, a compostura, a eficiência dela. Pode aprender observando-a.

O que você não pode fazer é replicar a rota exata dela quando está partindo de um local diferente.

Modelos de inspiração funcionam quando você pega os princípios e os adapta ao seu contexto. A imitação falha quando você tenta copiar os movimentos exatos do contexto alheio para o seu.

Alguém construiu um negócio de sucesso trabalhando 80 horas por semana. Essa pessoa nunca desiste. Você pode admirar a dedicação dela sem destruir sua saúde tentando igualar o cronograma dela quando você tem uma energia diferente, necessidades familiares diferentes e fases de vida diferentes.

Alguém alcançou algo por meio de um networking agressivo e

agitação constante. Você pode respeitar a abordagem dessa pessoa sem se forçar a um estilo que o esgota, quando o trabalho profundo e o pensamento cuidadoso são sua verdadeira força.

Busque inspiração, não imitação. Pegue o que ressoa e deixe o que não serve.

Ensinaram a você que pessoas bem-sucedidas acordam cedo, então você também deveria acordar. Ensinaram que você precisa estar em constante agitação, então você se sente culpado ao descansar. Ensinaram que existe uma maneira certa de criar filhos, de gerir dinheiro, de progredir na carreira.

Todo esse conselho veio do contexto de alguém. Parte dele pode ser transferida para o seu. A maior parte não será, pelo menos não exatamente.

A armadilha é tratar conselhos específicos de um contexto como lei universal.

Sim, Incluindo Este Livro

Tudo neste livro *cada metáfora, cada sugestão, cada observação* veio do meu contexto. Meu veículo, minhas estradas, meus passageiros.

Algo pode ressoar com a sua situação. Algo pode não se aplicar de forma alguma. Algo pode precisar ser adaptado significativamente para funcionar no seu trajeto diário.

Isto não é um conselho. É uma perspectiva. É como as coisas parecem de onde eu estou dirigindo, entendendo que você está dirigindo de outro lugar.

Se a metáfora da direção ajuda você a pensar de forma diferente sobre sua jornada, leve-a consigo. Se parecer forçada ou não combinar com a forma como você vê sua vida, esqueça-a.

A armadilha seria eu dizer: "Isso funcionou para mim, então você deve fazer o mesmo." *A mensagem real é:* "Isto é o que eu vejo do meu assento. Pegue o que faz sentido do seu."

Quando Você Visualiza Sua Própria Garagem

Alguém pergunta em uma comunidade do Reddit à qual você pertence por causa do carro que possui: "Acabei de comprar o mesmo modelo de carro que todos vocês dirigem—alguma dica de como lidar com ele?"

Você digita um conselho baseado na sua experiência: cuidado com o raio de giro apertado em garagens de estacionamento. O ponto cego do lado do passageiro precisa de atenção extra. Mantenha no modo esporte na estrada para uma resposta melhor.

Tudo genuinamente útil. Para alguém que percorre suas rotas.

Mas o que você não vê: essa pessoa mora em uma fazenda no meio do nada. Sem garagens de estacionamento. Sem trajetos por rodovias. Suas *preocupações com pontos cegos* envolvem gado, não mudanças de faixa. Seu conselho sobre o modo esporte é inútil quando ela está navegando por estradas de terra a 20 km/h.

Você não estava errado. Você era contextual.

Isso acontece constantemente.

Conselhos de carreira de alguém que entrou na área quando os empregos eram abundantes e a educação era acessível—aplicados a alguém que entra na mesma área agora, quando o cenário é completamente diferente.

Conselhos de relacionamento de alguém que conheceu o parceiro aos 22 anos—dados a alguém que está construindo um relacionamento aos 42, com uma experiência de vida completamente diferente.

Conselhos de criação de filhos de alguém que criou os filhos antes dos smartphones existirem—aplicados a alguém navegando em uma infância digital.

Conselhos financeiros de alguém que comprou a primeira casa quando ela custava três vezes o salário anual—dados a alguém em uma época onde ela custa dez vezes o salário anual.

O conselho era real. O contexto era diferente. Suas dicas de direção na cidade não ajudam alguém em uma fazenda.

O Que um Conselho Realmente Significa

Quando alguém diz: "Se isso funcionou para mim, você deveria fazer também", o que ela realmente quer dizer é: "Isso funcionou no meu veículo, nas minhas estradas, com meus passageiros, dadas as minhas limitações, com a minha personalidade, na minha fase de vida, nas minhas circunstâncias."

Ela só não diz tudo isso porque não consegue perceber. O contexto dela é como a água para o peixe—está em todo lugar, por isso é invisível.

O seu trabalho não é rejeitar o conselho. É traduzi-lo.

Pergunte a si mesmo:

Qual era o ponto de partida dessa pessoa?

Qual é o meu ponto de partida?

Sob quais limitações ela trabalhava?

Com quais limitações eu trabalho?

O que funcionou para ela no contexto dela?

Como esse princípio seria no meu contexto?

Às vezes a resposta é: "Isso se traduz diretamente" eu posso usar.

Às vezes é: "Isso não se aplica à minha situação de jeito nenhum."

Na maioria das vezes é: "Posso pegar o princípio e adaptá-lo à minha rota."

A Permissão Que Você Não Sabia Que Precisava

Você tem permissão para pegar as partes do conselho que ressoam e deixar as que não servem.

Você tem permissão para adaptar o que funciona para eles em algo diferente que funcione para você.

Você tem permissão para dizer: "Que bom que isso funcionou para você, mas meu contexto é diferente." A lealdade ao conselho de outra pessoa não o ajudará se esse conselho não couber no seu contexto.

Você tem permissão para pegar o conselho de alguém—mesmo de um amigo próximo—e ajustá-lo para se adequar à sua situação. E se a pessoa notar e ficar na defensiva: "Ei, você não seguiu meu conselho!", você tem permissão para dizer: "Sim, eu segui. Eu o adaptei ao meu contexto. A receita é totalmente sua, apenas ajustada para a minha cozinha."

Você tem permissão para parar de se sentir culpado por não seguir conselhos que não se adequam à sua situação.

Você tem permissão para parar de comparar sua rota com a de outra pessoa quando vocês estão partindo de locais diferentes.

A armadilha do conselho é pensar que, se algo funcionou para alguém, deveria funcionar para você exatamente da mesma forma.

A saída dessa armadilha é entender que todo conselho é contextual —e seu trabalho é filtrá-lo através da sua realidade, não forçar sua realidade a corresponder ao conselho alheio.

Pegue o que for traduzível. Adapte o que for próximo. Deixe o que não servir. Chegou a hora de parar de seguir o GPS de outra pessoa.

Não há exame avaliando se você seguiu o conselho de alguém corretamente.

Existe apenas o seu contexto, as suas limitações e a questão de saber se você está percorrendo uma rota que realmente faz sentido para a sua jornada.

Capítulo 12

CADA CURVA TROUXE VOCÊ ATÉ AQUI

De todas as curvas que você poderia ter feito, você fez as que o trouxeram até aqui.

Cada cruzamento. Cada decisão sobre qual faixa pegar, qual saída escolher, qual rota seguir. Você tomou milhares delas. E cada uma o trouxe a este exato lugar, lendo esta exata frase, nesta exata versão da sua vida.

Você não pode dar um Ctrl-Z, voltar e dirigir por uma rota diferente. Essas outras rotas não existem mais. Elas podem existir em algum universo paralelo onde uma versão diferente de você fez escolhas diferentes. Mas esse não é o seu universo. Essa não é a sua jornada.

Esta é.

Aqui está a mudança de perspectiva: não há nada a lamentar. Não porque você deva *deixar para lá* o arrependimento ou *perdoar a si mesmo* por escolhas passadas. Mas porque o conceito de arrependimento não deveria se aplicar à sua vida.

Não houve curvas erradas. Houve apenas as curvas que o trouxeram até aqui, vivo, agora.

Este pode ser o desaprendizado mais difícil até agora. Isso é pesado. O arrependimento parece tão justificado. Tão merecido. Tão óbvio.

Você pegou caminhos que *não deveria*. Você fez escolhas que levaram à dor. Você desperdiçou tempo indo na direção *errada*. Como pode não haver nada a lamentar?

Simples: essas rotas não estavam erradas. Elas foram as únicas rotas que levaram você a estar aqui agora. E *estar aqui agora* significa que você tem os critérios que tem agora. A maturidade. A sabedoria. A quilometragem no seu odômetro.

Isso não é pouco. Isso é tudo.

A Árvore Que Mostra Seu Caminho

Imagine uma árvore. Uma árvore imensa com milhares de galhos se espalhando em todas as direções.

Na base está o tronco—sua origem, onde você começou.

No topo de um galho específico, há uma legenda preta que diz: "Você Está Aqui!"

Há uma linha grossa que traça um caminho contínuo desde o tronco até onde você está agora. Uma rota através de milhares de galhos possíveis. Um caminho que o trouxe a este momento.

Olhe para todos esses outros galhos. Milhares deles. Cada um representa uma escolha que você não fez. Um caminho diferente que uma versão diferente de você poderia ter tomado.

Esses galhos são reais. Eles existem na árvore. Mas eles não são o SEU conjunto de galhos. Eles não fazem parte do seu caminho.

O seu caminho é a linha preta. Uma rota contínua do tronco à ponta. Cada curva, cada cruzamento, cada escolha—todos fazem parte dessa linha única.

Você pode olhar para os outros galhos e pensar *e se*. Você pode imaginar o que teria acontecido se tivesse tomado uma rota diferente cinco anos atrás, dez anos atrás, vinte anos atrás.

Você não pode estar em um galho diferente e ainda ser você.

Porque você é a linha preta. Você é a soma de cada escolha que criou este caminho específico pela árvore.

Se você tivesse escolhido de forma diferente em qualquer ponto, você não seria mais você. Você seria uma versão diferente. Vivendo em um galho distinto. Com um caminho diferente. Uma vida diferente.

Não uma vida melhor. Não uma vida pior. Apenas diferente. Incognoscível.

A Única Versão que Existe

Na física quântica, existe este conceito de que cada escolha cria um universo ramificado. Você escolheu a esquerda e, em algum lugar, existe um universo paralelo onde você escolheu a direita. Ambas as versões de você existem, vivendo vidas diferentes.

Esse é um experimento mental fascinante na física.

Mas é completamente irrelevante para a sua vida real (esta versão, a que está lendo este livro).

Porque você não vive em múltiplos universos. Você vive neste. Neste galho. Seguindo esta linha preta.

Aquela outra versão de você, que virou à esquerda em vez de à direita? Que aceitou o emprego em vez de recusá-lo? Que ficou em vez de partir?

Ela não existe na sua realidade. Existe na teoria. Na imaginação.

Nos cenários de *e se* que você reprisa às duas da manhã quando não consegue dormir.

Você existe aqui. Agora. Neste galho.

E este galho é o único que importa porque é o único que é real para você.

A Mesma Rota, Nunca a Mesma Viagem

Pense em uma viagem de carro que você já fez várias vezes. Mesmo ponto de partida. Mesmo destino. Mesma rodovia.

Nunca é idêntica.

Desta vez você decide parar para ir ao banheiro no quilômetro 150. Da última vez, parou no quilômetro 175.

Você ultrapassa um caminhão lento, fica à frente dele. Sua família quer lanches, então você encosta em uma loja de conveniência.

Enquanto está lá dentro comprando bebidas, você olha pela janela e vê o mesmo caminhão que ultrapassou passando pela rodovia.

"Ah, de novo não", você pensa. Agora terá que ultrapassá-lo novamente. Mas pode ser que você nem o encontre mais.

Talvez ele pegue uma saída logo adiante que você não vai pegar. Talvez ele pare no próximo posto de gasolina e você não. Talvez você o ultrapasse de novo, talvez não.

Mesma rota. Diferentes variáveis. Diferentes tempos. Diferente desfecho.

Você não pode recriar uma jornada, mesmo quando está tentando. Variáveis demais. Muitos outros motoristas fazendo suas próprias escolhas. Muitas diferenças mínimas no tempo que geram experiências completamente únicas.

Portanto, quando você imagina voltar e *refazer* uma escolha de cinco anos atrás—aceitar o outro emprego, permanecer naquele relacionamento, mudar-se para aquela outra cidade—você não está apenas imaginando uma escolha diferente. Você está imaginando um cenário impossível onde tudo o mais permanece igual, exceto aquela única decisão.

Mas não é assim que funciona. Mude uma escolha e tudo muda. Cada cruzamento subsequente. Cada pessoa que você conhece. Cada oportunidade que aparece ou desaparece. Cada versão de quem você se torna.

Você não pode refazer seu caminho e obter um resultado melhor.

O caminho em que você está é o único que é real. E é o único que o trouxe até aqui.

Você já deve ter ouvido esta pergunta *clichê*: "Se você tivesse uma máquina do tempo e pudesse voltar 25 anos e dizer apenas uma coisa para o seu eu mais jovem, o que diria?"

As pessoas adoram responder a isso. "Números da loteria." "Bitcoin." "Não namore aquela pessoa." "Aceite aquele emprego." "Evite aquele erro."

Isso é arrependimento.

Minha mensagem para o meu eu mais jovem seria: "Descreva como você se vê daqui a 25 anos."

Só isso. Obviamente, eu daria uma risada silenciosa e me divertiria com a resposta dele (minha), porque o jovem Eric não tem ideia do que está vindo pela frente.

Eu não o avisaria de nada, porque se ele fizesse uma curva diferente em qualquer lugar, esta versão de mim desapareceria. Eu sumiria das fotos de família. Não teria acabado me casando com a Silvana. Meu filho não existiria. A pessoa que escreve este livro nunca existiria. Por que eu iria querer fazer isso?

Suas Escolhas Definem Sua Vida

Se as combinações do nosso DNA definem nosso ser biológico, as combinações de nossas escolhas definem nossa vida.

Você não é apenas a pessoa com este código genético específico. Você é a pessoa que fez estas escolhas específicas, nesta ordem específica, nestas circunstâncias específicas.

Essas escolhas construíram seu caminho. Escolha por escolha. Curva por curva. Cruzamento por cruzamento.

E esse caminho levou você a estar aqui, com o entendimento que tem agora.

Há uma fala de uma série de TV *Prime Target* na Apple TV+ que se encaixa aqui, onde um personagem diz: "Todos temos escolhas. O que aprendi é que são as que fazemos que nos definem."

Não as escolhas que gostaríamos de ter feito. Não as escolhas que outras pessoas acham que deveríamos ter feito. Não as escolhas teóricas que teriam levado a resultados diferentes.

As escolhas que realmente fizemos.

Você não é a pessoa que teria feito escolhas diferentes. Você é a pessoa que fez estas escolhas.

Essa é a sua vida.

Não Existem Escolhas Erradas

É aqui que a coisa se aprofunda.

Você acha que algumas de suas escolhas foram erradas. Você se arrepende delas. Gostaria de poder voltar e escolher diferente.

Mas o que *errado* implica é que havia uma escolha certa que você deveria ter feito em vez disso.

Não há um exame corrigindo suas escolhas. Não existe um padrão universal para decisões *certas*. Não existe um placar medindo se você escolheu corretamente.

Pense no emprego que você odiava. Aquele que você se arrepende de ter aceitado. Aquele que pareceu dois anos desperdiçados.

Foi a escolha errada?

E se esse emprego o tornou resiliente? E se ele o ensinou a suportar dificuldades? E se ele esclareceu o que você absolutamente não quer na vida? E se ele o colocou na mesma sala que alguém que se tornou crucial para o seu caminho mais tarde? E se ele lhe deu habilidades que você nem sabia que precisava?

E se *e esta é a parte crítica* e se recusar aquele emprego o tivesse levado a um galho onde você não estaria aqui agora?

Você não sabe o que teria acontecido no outro galho. Não pode saber. Esse galho não existe para você.

O que você sabe é isto: a escolha que você fez levou você a estar aqui. Ainda em sua jornada.

Isso não é uma escolha errada. É a única escolha que levou a este resultado.

A Armadilha do *E Se*

"E se eu tivesse ficado naquele relacionamento?" "E se eu tivesse aceitado aquela oferta de emprego?" "E se eu tivesse me mudado para aquela cidade?" "E se eu tivesse começado aquele negócio?" "E se eu tivesse ido para aquela outra escola?"

E se. E se. E se.

Quando você joga o jogo do *e se*, você imagina um cenário onde fez uma escolha diferente e tudo deu certo.

Mas não é assim que os galhos funcionam.

Se você tivesse ficado naquele relacionamento, você não teria apenas as partes boas de ficar. Você teria um caminho inteiramente diferente. Conflitos diferentes. Crescimento diferente. Desafios diferentes. Uma versão diferente de você.

Talvez essa versão esteja prosperando. Talvez essa versão esteja miserável. Talvez essa versão nem esteja viva.

Você não sabe. Não pode saber.

O que você sabe é que a escolha que fez *partir* levou você a estar aqui. E *aqui* significa que você ainda está no seu galho, ainda dirigindo, ainda fazendo escolhas com tudo o que aprendeu até agora.

A armadilha do *e se* faz você pensar que consegue enxergar os outros ramos com clareza. Que você sabe o que teria acontecido se tivesse escolhido de forma diferente.

Você não sabe. Esses ramos são neblina. São imaginação. São histórias que você conta a si mesmo às duas da manhã sobre caminhos que não seguiu.

O seu ramo é o único que é real. E é o único que te trouxe até aqui.

Sendo Direto: Você está Vivo

Vamos deixar de lado toda a filosofia e chegar à verdade central.

Cada escolha que você fez levou você a estar vivo agora.

Cada *curva errada*. Cada *erro*. Cada decisão da qual você se arrepende. Cada caminho que parecia não levar a lugar nenhum.

Todos eles levaram você a estar aqui. Respirando. Lendo isto. Ainda seguindo em frente.

Você não sabe o que teria acontecido nos outros ramos. Talvez tivessem levado a resultados melhores. Talvez tivessem levado a piores. Talvez tivessem levado você a nem estar aqui.

Isso significa que cada escolha que você fez foi a escolha certa para esta versão de você. Não porque levou ao melhor resultado possível. Mas porque levou a este resultado: você, aqui, ainda dirigindo.

Não existe um exame avaliando se o seu caminho foi o ideal. Existe apenas o seu caminho, e ele te trouxe até aqui.

Os Pais Perfeitos para a Sua Rota

"Eu tenho a melhor mãe do mundo." "Eu tenho o melhor pai do mundo."

Todos dizemos isso. Não porque medimos objetivamente todos os pais e os nossos tiveram a pontuação mais alta. Mas porque nossos pais são o nosso ponto de referência para o que é ser *pai*. Eles são o nosso marco zero nessa linha.

Eles não são necessariamente os melhores objetivamente. Eles são os melhores para a sua rota. Porque eles são os únicos pais que plantaram e regaram a SUA árvore específica.

Pense nisso: seus pais foram a primeira grande divisão nos seus ramos. O tronco. O alicerce de cada escolha que veio depois.

Com pais diferentes, você seria uma pessoa diferente. Nem melhor. Nem pior. Apenas diferente. Completamente diferente.

Pais diferentes teriam lhe ensinado lições diferentes—ou não teriam ensinado nada. Eles teriam fornecido recursos diferentes, apoio diferente, desafios diferentes. Eles teriam criado circunstâncias diferentes que levariam a escolhas diferentes, que levariam a ramos diferentes.

E nenhum desses ramos seria o seu.

Seus pais—essas pessoas específicas, com suas virtudes e falhas, presenças ou ausências específicas—moldaram a SUA rota específica. Até mesmo os contratempos. Até mesmo a ausência. Até mesmo os momentos em que eles não estavam lá quando você mais precisava.

Aquilo não foram desvios de uma criação *correta*. Foram os ingredientes exatos que criaram você.

Eles te ensinaram a dirigir. Talvez tenham te ensinado mal. Talvez tenham te ensinado perfeitamente. Talvez tenham deixado você descobrir por conta própria. Não importa. O ensinamento deles—ou a falta dele—criou o SEU estilo de direção. A sua abordagem em relação à estrada.

Você não pode desejar lições de direção diferentes sem se tornar um motorista inteiramente diferente.

Mesmo pais que causaram danos, que foram ausentes, que fizeram escolhas terríveis—eles ainda moldaram o ramo em que você está. Você pode reconhecer a dor que eles causaram. Pode reconhecer as formas como eles falharam. Pode escolher não repetir os padrões deles.

Mas você não pode se arrepender de que eles tenham sido seus pais sem se arrepender de toda a sua árvore. Porque pais diferentes seriam iguais a um você diferente. Não a versão de você que está lendo isto. Uma versão diferente em um ramo distinto que não existe na sua realidade.

Seus pais foram perfeitos para você. Não porque fossem impecáveis. Não porque não tivessem cometido erros. Não porque você seja obrigado a agradecer a eles, perdoá-los ou manter relacionamentos com eles caso tenham sido prejudiciais.

Mas porque eles criaram a versão de você que existe. Esta versão. Aquela que está neste ramo, com este caminho, com estes seus 100% de vida específicos.

Diga em voz alta: "Eu tive a melhor mãe do mundo." "Eu tive o melhor pai do mundo."

Porque eles eram os seus. Na sua rota. Os únicos pais que poderiam ter criado o você que está aqui agora.

Todo mundo tem *os melhores pais do mundo* em sua própria rota. Porque os pais de cada um criaram o ramo específico em que aquela pessoa específica está.

Isso não é uma exigência de gratidão. É apenas a realidade.

Seus pais foram a primeira curva na sua rota. Você não pode desejar primeiras curvas diferentes sem desejar estar em uma rota completamente diferente—o que faria de você outra pessoa por inteiro.

E você está aqui. Esta versão. Neste ramo. Essa é a única versão que existe na sua realidade.

O que *Curva Errada* Realmente Significa

Quando você diz que uma escolha foi uma *curva errada*, o que você está realmente dizendo é: "Não gostei de onde essa escolha me levou."

Tudo bem. Justo. Alguns caminhos são difíceis. Algumas escolhas levam à dor. Algumas rotas levam você por territórios que você nunca quis ver.

Mas chamar isso de *errado* implica que havia uma escolha correta que você deveria ter feito em vez dela. E que a escolha correta teria levado a um resultado melhor.

E o que você está esquecendo é: você não sabe se isso é verdade.

Você está comparando o caminho real que seguiu com um caminho imaginário que você acha que teria sido melhor. Mas esse caminho imaginário é apenas isso—imaginário.

O caminho real? Ele te ensinou. Fez de você resiliente. Mostrou do que você é capaz de suportar. Revelou seus valores. Construiu sua força.

E ele te trouxe até aqui.

Isso não é uma curva errada. Isso faz parte da sua rota.

Você não fez escolhas erradas. Você fez as únicas escolhas que as circunstâncias daquele momento o levaram a fazer, consciente ou inconscientemente.

O Perdão Não Muda o Passado, Mas Muda o Futuro

Você provavelmente já ouviu essa expressão ser usada ao discutir o autoperdão.

Isso não vem ao caso.

O que muda o seu futuro é perdoar as outras pessoas. O motorista que te fechou. O amigo que te traiu. A pessoa que te machucou.

Guardar raiva deles não muda o que aconteceu. Mas arruína sua condução no futuro. Torna você amargo. Faz você dirigir com ódio em vez de paz.

Você não vai esquecer. Vai pensar duas vezes se o mesmo cenário se repetir. Mas você perdoará para seguir em frente.

Perdoá-los, às vezes, não é porque eles merecem, mas porque você merece parar de carregar o peso deles. É isso que muda o futuro.

A propósito, não estou dizendo que você deva apenas perdoar e nunca se desculpar porque os outros deveriam simplesmente esquecer. Quando você magoa alguém, precisa pedir perdão—mesmo que o dano não tenha sido intencional. E não se esconda atrás da frase vazia: "Sinto muito que minhas ações tenham te machucado." Assuma a responsabilidade: "Sinto muito por ter te machucado, mesmo que eu não tenha percebido na hora."

O que Você está Desaprendendo

Você não está desaprendendo a carregar arrependimento.

Você está desaprendendo a crença de que o arrependimento se aplica à sua vida.

Ensinaram a você que algumas escolhas são erros. Que você deve se sentir mal pelas curvas erradas. Que arrepender-se de decisões passadas é natural e justificado.

Mas olhe para o seu caminho. Olhe para a linha preta do tronco à ponta.

Cada escolha nessa linha trouxe você até aqui. Cada curva foi necessária para criar esta versão específica de você.

Aquilo de que você se arrepende—não ter explicado algo direito quando alguém lhe fez uma pergunta? Isso transformou você no professor que é agora, que explica tudo com detalhes. Aquele relacionamento que terminou mal? Isso te ensinou o que você realmente precisa em um parceiro. Aquele emprego que você odiava? Isso esclareceu o que é inegociável para você. Aquela amizade que você perdeu? Isso te mostrou a diferença entre conveniência e conexão.

Tudo isso moldou sua vida e seu propósito. Esses não são erros para se arrepender. São os blocos de construção de quem você é agora.

Não tire isso de si mesmo.

Não existem erros no seu caminho. Porque cada escolha foi o único caminho que levou adiante.

Você não pode se arrepender de uma escolha que foi o único caminho para você estar vivo agora.

Isso não é justificativa. É apenas a realidade.

As Milhas que Você Dirigiu

O seu odômetro registra cada milha percorrida. Ele não rotula algumas milhas como *boas* e outras como *desperdiçadas*. Ele não julga quais rotas foram as ideais.

Ele apenas conta. Para frente. Sempre para frente.

Mesmo quando você dirigiu de ré, ele contou essas milhas. Mesmo quando você pegou desvios, ele contou essas milhas. Mesmo quando você se perdeu, ele contou essas milhas.

Todas elas contam. Todas fazem parte da sua jornada.

Você pode olhar para o seu odômetro e dizer: "Eu gostaria de não ter dirigido essas milhas." Mas essas milhas ainda estão lá. Elas ainda aconteceram. Você não pode voltar no tempo e apagá-las. Elas ainda fazem parte da sua distância total percorrida.

E elas te trouxeram aqui.

Você não é definido por ter percorrido a rota *certa*. Você é definido por ter percorrido esta rota. A sua rota. A única rota que é real para você.

O Único Ramo que Importa

Quando você sai desta parada de descanso, não está apagando o seu passado. Não está afirmando que não escolheria diferente se pudesse fazer tudo de novo.

Você está apenas reconhecendo a realidade: você não pode fazer de novo. Aqueles outros ramos não existem para você. E o ramo em que você está *este aqui, o real* é o único que te trouxe até aqui.

Cada escolha que você fez foi o único caminho a seguir que levou a este momento.

Não porque você fez as escolhas óbvias. Mas porque fez as escolhas que podia fazer, nos momentos em que teve de fazê-las, com as informações, emoções e limitações com as quais estava lidando.

E essas escolhas construíram o seu caminho. Uma linha contínua de onde você começou até onde está agora.

Você existe neste ramo. Não porque ele fosse o melhor ramo. Mas porque é o único ramo real que DEFINA você.

Não existe um exame avaliando se você seguiu um caminho *certo*.

Existe apenas o seu caminho, suas escolhas e o fato de que elas te trouxeram aqui.

Você está aqui. No seu ramo. Vivo!

Isso não é um prêmio de consolação. É uma percepção. Isso é tudo.

E quando estiver pronto, continue dirigindo—não mais leve porque abandonou o arrependimento, mas com a visão mais clara porque finalmente entendeu que ele nunca foi seu para carregar.

SEGUNDO PIT STOP

Esse foi um terreno difícil. Quatro áreas de descanso seguidas—quatro capítulos de desaprendizado ativo.

Competição. Conselhos. Divisão. Arrependimento. Você acabou de dirigir por alguns dos territórios mentais mais densos desta jornada. A Parte Quatro pediu que você desempacotasse crenças que vem carregando por quilômetros—crenças sobre a necessidade de vencer, a necessidade de seguir a rota de outra pessoa, a necessidade de se separar de outros viajantes, a necessidade de se arrepender pelas curvas que tomou.

É muita coisa.

Então, agora, vamos fazer uma parada no pit stop para um rápido respiro.

Áreas de descanso têm latas de lixo por um motivo. Você tem examinado o que está carregando. Tem decidido o que ainda funciona para você e o que não funciona. E agora você pode jogar fora o que não precisa mais.

A competição? Jogue fora.

A crença de que os conselhos devem se encaixar perfeitamente em você sem tradução? Jogue fora.

O hábito de dividir as pessoas em categorias antes mesmo de vê-las? Jogue fora.

O arrependimento pelas curvas que foram o único caminho a seguir para que você estivesse aqui? Jogue fora.

Você não precisa carregar esse peso para a próxima parte da sua jornada.

Reserve um momento. Alongue-se. Processe o que acabou de trabalhar.

A Parte Quatro foi sobre desaprender—deixar ir ativamente uma programação que, para começar, nunca foi sua. Isso exigiu encostar o carro, abrir o porta-malas e decidir o que manter e o que deixar para trás.

Você fez esse trabalho. Isso é importante.

Pronto para voltar para a estrada?

A Parte Cinco é diferente. Você está voltando para o trânsito—na hora do rush, na verdade. Todos os outros veículos ao seu redor, todos os outros viajantes na rodovia.

Mas agora? Agora você consegue vê-los de verdade.

Não como obstáculos. Não como competição. Não como categorias para classificá-los.

Como pessoas. Como companheiros de viagem. Cada um sendo o centro de sua própria jornada, assim como você é o centro da sua.

A Parte Quatro aliviou sua carga. A Parte Cinco mostra o que acontece quando você dirige sem esse peso.

Vamos lá.

HORA DO RUSH

De volta ao trânsito, mas agora enxergando todos de uma forma diferente.

Capítulo 13

MOTORISTAS, NÃO OBSTÁCULOS

Até este momento, você já olhou de verdade para o motorista no carro à sua frente?

Não apenas um relance. Olhou de fato.

Notou que eles provavelmente estão ouvindo uma música que você não consegue ouvir? Talvez cantando junto. Talvez estejam atrasados para algo importante. Talvez tenham acabado de receber uma boa notícia. Ou uma notícia terrível. Talvez estejam pensando em uma discussão que tiveram hoje de manhã, ou planejando o que dizer em uma reunião à tarde, ou se perguntando se lembraram de desligar o fogão.

Há uma vida inteira acontecendo dentro daquele carro. Uma existência completa com preocupações e esperanças, pessoas à espera, problemas para resolver, memórias que trazem um sorriso e feridas que ainda doem.

Mas você não vê nada disso.

Você vê: o carro à sua frente. Indo devagar demais. Um obstáculo.

Bem-vindo à Parte Cinco: Hora do Rush

Você saiu daquelas áreas de descanso. Fez o trabalho pesado de desaprender—competição, armadilhas de conselhos, arrependimento, divisão. Você examinou o que estava carregando e decidiu o que manter e o que jogar fora.

Agora você está de volta à rodovia. De volta ao trânsito. Hora do rush.

Mas algo está diferente agora. Porque depois de todo esse trabalho interno, você finalmente consegue enxergar algo que não via antes. Temos que pensar de forma diferente.

Os outros motoristas não são obstáculos. Não são cenário de fundo. Não são estatísticas de tráfego.

Eles são pessoas.

Pessoas por inteiro. Com vidas completas que são tão reais, complexas e importantes para elas quanto a sua é para você.

Esta é a mudança de ver personagens ao redor da sua história para ver coajuvantes em suas próprias histórias ao lado da sua.

A Realidade dos NPCs

Se você já jogou ou assistiu a um videogame, você já os viu. Os personagens que povoam o mundo ao redor do personagem principal.

O xerife parado do lado de fora da delegacia. Você se aproxima, aperta X e ele diz a fala dele. O feiticeiro na tenda que te vende aquela poção estranha que você precisará três níveis depois. Os pedestres caminhando pela rua que não estão indo a lugar nenhum—eles estão lá apenas para fazer a cidade parecer viva. Movimento de fundo. Cenário.

Na terminologia dos videogames, eles são chamados de NPCs—*Non-Playable Characters* (Personagens Não Jogáveis). Você não pode controlá-los. Você não pode ser eles. Eles existem para apoiar sua missão ou preencher o espaço ao seu redor enquanto você se move pelo mundo do jogo.

É assim que naturalmente percebemos a maioria das pessoas que encontramos durante o dia.

A pessoa na fila do supermercado. O motorista três carros à frente.

O caixa registrando suas compras. O estranho passando por você no shopping.

É quase impossível manter simultaneamente a consciência de que cada pessoa por quem você passa tem uma vida completa. As pessoas são ignoradas por uma variedade de razões enviesadas—não que sejamos totalmente egoístas (embora alguns de nós sejamos às vezes). Mas o fato é que elas são o centro de suas próprias vidas, assim como você é o centro da sua. Elas também estão pensando em comprar presentes para os filhos, economizando para as férias, preocupadas se lembraram de trancar a porta, apenas esperando chegar em casa depois do turno para cuidar dos pais.

O barista fazendo seu café não é apenas uma função de fazer café. O motorista indo devagar demais não é apenas um obstáculo entre você e seu destino. O atendente do suporte ao cliente no telefone não é apenas uma voz resolvendo ou enrolando o seu problema.

Mas é assim que parecem. Como NPCs no seu jogo.

E nós não apenas os vemos dessa forma. Nós os tratamos dessa forma.

Quando Todos Estão Esperando em uma Tenda

Pense na última vez que você marcou um serviço. Salão de beleza. Oficina mecânica. Consultório médico. Dentista.

Você agenda. Recebe a confirmação. E então a vida acontece—o trânsito está pior do que o esperado, uma reunião se estende, você não consegue vaga para estacionar. Você está quinze minutos atrasado.

Você se sente um pouco estressado com isso. Talvez peça desculpas quando finalmente entra.

Mas no fundo? Você não está tão preocupado. E, às vezes, nem é por eles, mas para você não passar a imagem de uma pessoa impontual. Porque em algum lugar da sua mente, eles estavam esperando por você de qualquer maneira.

Como o feiticeiro do videogame na tenda de que estávamos falando. Você vaga pela floresta por vinte minutos, encontra a clareira escondida, entra na tenda misteriosa e lá está ele. Sentado. Esperando.

Com a mesmíssima saudação toda vez que você o visita.—Ah, eu estava à sua espera.

Claro que estava. Ele é um NPC. Ele existe naquela tenda, esperando que você precise dele. Ele não tem outros clientes. Ele não tem uma vida que continua quando você não está lá. Quando você sai da tenda e a tela escurece, ele fica simplesmente... congelado ali. Esperando sua próxima visita.

É assim que subconscientemente pensamos sobre os prestadores de serviço sem sequer perceber.

Claro que o cabeleireiro não está pensando em seu próximo cliente ou tentando manter o cronograma. Ele está apenas... ali. Esperando por você. O mecânico não tem outros três carros para trabalhar hoje. A equipe do consultório médico não tem uma sala de espera lotada, pessoas atrasadas e seguradoras para ligar.

Eles estão em suas tendas. Esperando.

Só que não. Eles têm outros quatro horários hoje. Eles têm um intervalo de almoço que estão tentando proteger. Eles têm uma filha que precisam buscar na escola às 15h. Eles têm seu próprio estresse por estarem atrasados porque o último cliente também chegou tarde.

Mas você não vê isso. Não consegue ver. Porque na sua história, eles são o NPC que apareceu quando você precisou.

Da próxima vez que você dirigir para o trabalho ou para o supermercado, escolha qualquer trajeto rápido de 10 a 15 minutos. Durante esse período, não pense na vida das outras pessoas—apenas conte quantas pessoas você vê no total. Pessoas à sua frente, ao seu redor em um semáforo. Esqueça as vidas delas e apenas conte o número de pessoas que você vê. Agora reflita sobre o número ao chegar ao seu destino. Foi 5? 10? 20? 50? E isso foi apenas uma viagem de 10 minutos. Sim, 50 personagens principais com suas próprias lutas, não NPCs. Cinco por minuto.

As Pessoas que Nunca Envelhecem

Você já notou como algumas pessoas parecem congeladas em uma idade específica na sua mente?

A pessoa que toma conta da mercearia da esquina perto da sua casa.

Qual a idade dela? Você vai lá há anos, mas se alguém lhe perguntasse se ela tem 35 ou 55 anos, você honestamente não saberia dizer. Ela é apenas... a pessoa da mercearia.

O advogado que você vê uma vez por ano. O jardineiro que vem a cada duas semanas. A pessoa da lavanderia. Eles existem na idade que tinham quando você os encontrou pela primeira vez, e permanecem com essa idade na sua percepção, mesmo que os anos passem.

Isso é pensamento de NPC. Eles não envelhecem porque não são personagens reais com histórias contínuas. São funções. Papéis. A pessoa que faz a coisa que você precisa que seja feita.

Você não pensa neles fazendo aniversário. Envelhecendo. Lidando com dores nas costas que os impedem de levantar coisas pesadas agora. Eles são estáticos. Parte do cenário.

Não é culpa sua. É natural. Esse padrão aparece em todos os lugares. Professores deveriam se importar com os alunos, não apenas lidar com eles. Gestores deveriam se importar com suas equipes, não apenas gerenciá-las. CEOs deveriam se importar com seu pessoal, não apenas liderá-lo.

Mas quando você vê as pessoas como NPCs, você não se importa com elas. Você lida com elas. Gerencia-as. Usa-as pela função que servem na sua história. Algumas pessoas fazem isso de propósito (sim, isso é triste), mas a maioria de nós faz inconscientemente.

O Feed de NPCs nas Redes Sociais

Alguém posta sobre o falecimento do pai. Em poucos minutos, alguém comenta: "Sim, eu me lembro do MEU pai. Ele era tão especial para mim."

Alguém compartilha a notícia do seu noivado. Os comentários se enchem de: "Isso ME deixa tão feliz! Estou tão feliz por vocês..."

O momento deles. O anúncio deles. A dor deles. A alegria deles.

E em segundos, alguém tornou aquilo sobre si mesmo.

É o sequestro de comentários. Pegar a história de outra pessoa e usá-la como palco para encenar a sua própria narrativa.

Alguém recebe uma promoção no trabalho. Em vez de celebrar,

outra pessoa responde imediatamente: "Deve ser bom. Eu estou aqui há mais tempo e nunca fui promovido."

A conquista do colega promovido tornou-se o desabafo do colega de trabalho.

Alguém compartilha algo de que se orgulha, uma refeição que cozinhou, um projeto que terminou, um marco que alcançou. Alguém tem que comentar: "Eu fiz isso anos atrás. Ficou uma delícia!"

O momento de uma pessoa tornou-se o ponto de comparação de outra.

A pessoa que postou não estava pedindo histórias paralelas. Não estava procurando a experiência de outra pessoa. Estava compartilhando o SEU momento.

Mas para quem comenta, aquele post é apenas conteúdo. Apenas mais uma caixa de diálogo de NPC que apareceu em seu feed. E caixas de diálogo existem para te dar algo para responder, certo? Para te dar uma missão, para desencadear sua própria história.

Porque em um feed cheio de NPCs, as histórias deles não importam enquanto histórias. Importam como conteúdo. Como oportunidades. Como um palco para a sua apresentação.

Quando todos os outros são apenas personagens no seu jogo, os momentos deles existem para servir à sua narrativa. As lutas deles existem para mostrar como você lutou mais. As alegrias deles existem para lembrar a todos das suas alegrias.

O feed reforça o pensamento de NPC mais do que qualquer outro espaço. Porque você não está olhando para pessoas. Você está rolando por conteúdo. E o conteúdo existe para você consumir, reagir e tornar sobre você mesmo. No fim das contas, é o seu feed, certo?

Eles não são pessoas compartilhando suas vidas. São personagens entregando falas que você pode responder como quiser.

Até que algo o lembre de que não são.

O Motorista de Uber na Cidade do México

Eu estava na Cidade do México em uma sexta-feira à noite. Sexta-feira de pagamento. Se você conhece a Cidade do México, sabe o que isso significa. A cidade inteira vira um estacionamento. Todo mundo tem dinheiro, todo mundo está indo para algum lugar e todas as ruas estão congestionadas.

Eu precisava chegar ao aeroporto. Estava voltando para casa depois de uma viagem de trabalho, e o tempo estava apertado. O aplicativo do Uber mostrava a rota—a mais curta em termos de minutos, mas no trânsito da Cidade do México, se você perde uma curva, a viagem inteira pode aumentar de 20 a 30 minutos porque você não pode simplesmente dar a volta. Você fica preso no caos.

Primeiro, o motorista atrasou para me buscar.

Depois, durante o trajeto, ele perdeu uma curva importante.

Vi o tempo estimado de chegada pular de 45 para 60 minutos. Eu estava calculando chegadas, horários de portão, filas de segurança. No meu subconsciente, o motorista não estava executando sua função corretamente. Ele era um prestador de serviço que deveria me levar até lá de forma eficiente, e não estava fazendo isso.

Então o telefone dele tocou.

Ouvi a voz da esposa dele pelo alto-falante. Então ele respondeu: "Desculpe, querida. Estou preso no trânsito com um cliente. Chegarei assim que puder."

A resposta dela: "Se cuida, querido. Deus te abençoe."

Só isso.

Ele não era mais apenas um motorista que perdeu uma curva. Ele era uma pessoa lidando com o mesmo caos que eu. Com uma esposa que entendia que o trânsito de sexta-feira de pagamento é impossível. Que o chamou de "querido", que disse "Deus te abençoe" com paciência em vez de frustração.

Pelo cheiro do carro, percebi que ele fumava, então, para clarear o ambiente (com o perdão do trocadilho), ofereci-lhe um cigarro no meio do caos. Ele sentiu-se aliviado. Contou-me que estava sem cigarros e desejava um desde o intervalo do almoço. Batemos um papo para preencher o silêncio, nada profundo em particular. Mas ambos nos sentimos aliviados. Não cheguei tão atrasado para o meu voo—o atraso adicional apenas encurtou o meu tempo de leitura no portão.

Não estou dizendo que aquela ligação mudou minha vida ou me despertou para alguma verdade profunda. Estou dizendo que ela me lembrou de algo que eu já sabia, mas vivia esquecendo: essa pessoa tem uma vida completa. Ele não está apenas executando uma função na minha história. Ele tem alguém em casa que se importa com ele. Ele tem a sua própria versão do estresse que estou sentindo. Para ele, eu era um NPC naquela noite. Eu fui a decisão dele (aceitar minha solicitação de viagem no aplicativo) que acabou atrasando sua chegada antecipada para a esposa em casa.

É isso que quero dizer sobre NPCs. Sabemos intelectualmente que todos são pessoas. Mas esquecemos disso constantemente. Especialmente quando não estão agindo da maneira que precisamos que ajam na nossa história.

Todos Neste Trânsito

Olhe ao seu redor agora mesmo. Você está na rodovia, no trânsito. Quantos carros você consegue ver?

Dez? Cinquenta?

Cada um deles tem uma pessoa dentro. Uma pessoa por inteiro com uma vida completa.

A pessoa no ônibus não está apenas ocupando espaço na estrada. Ela está indo para algum lugar que importa para ela—trabalho, casa, uma consulta, alguém de quem ela gosta.

A pessoa caminhando na calçada não é apenas um pedestre com o qual você precisa ter cuidado. Ela está lidando com algo. Talvez esteja preocupada com dinheiro. Talvez esteja animada com um encontro hoje à noite. Talvez tenha acabado de receber uma notícia que mudou tudo.

O adolescente com a jaqueta da faculdade três carros à frente não é apenas um motorista lento aprendendo a dirigir no trânsito. Ele está estressado com a prova semestral. Tentando descobrir como se enturmar. Imaginando se alguém o notou hoje. Carregando o peso de ser um adolescente em um mundo que exige que ele saiba o que quer ser antes mesmo de saber quem ele é.

Todos que você vê estão lutando com algo. Todos estão tentando resolver alguma coisa. Todos têm pessoas que dependem deles e pessoas de quem dependem.

Precisamos de professores que vejam seus alunos como seres humanos, não apenas nomes em uma lista. Gestores que vejam suas equipes como pessoas, não apenas recursos. CEOs que vejam seus funcionários como indivíduos com vidas, não apenas funções em um organograma.

É isso que significa parar de ver NPCs e começar a ver pessoas.

A Lente Mágica que Mostra Suas Histórias

Imagine por um segundo que você está usando óculos de realidade aumentada. Mas estes são especiais—eles têm a característica única de que, quando você olha para qualquer pessoa, vê o pôster de um filme flutuando acima da cabeça dela—o pôster do seu filme favorito de todos os tempos.

Você está caminhando pelo shopping. Acima da cabeça de uma pessoa: *Um Sonho de Liberdade*. De outra: *Star Wars*. De outra pessoa: *O Poderoso Chefão*. Aquele garoto ali: *Caçadores de Demônios K-Pop*.

Agora imagine que você vê alguém com o SEU filme favorito acima da cabeça.

O que você faria?

Você provavelmente sorriria. Talvez até se aproximasse. "Não brinca, esse é o meu favorito também!" De repente, vocês têm algo sobre o que conversar. Uma conexão. Um motivo para vê-la como uma pessoa real em vez de apenas mais um comprador no seu caminho.

Você precisa de pelo menos uma coisa em comum para formar uma comunidade—algo compartilhado que torne ambos membros do mesmo grupo invisível. Essas lentes mágicas são agora geradores de comunidade.

Pegue o filme *Moneyball* (O Homem que Mudou o Jogo), por exemplo. Se eu visse alguém com um pôster de *Moneyball* flutuando acima da cabeça, eu gostaria de falar com ela imediatamente. Porque aquele filme me diz algo sobre ela. Ela aprecia análises. Ela ama beisebol. Ela é atraída por histórias sobre disrupção e sobre ir contra o senso comum. Ela provavelmente gostou da química entre Brad Pitt e Jonah Hill. Aquele único filme revela dimensões inteiras de quem ela é (sim, este é o meu filme favorito, e é por isso que dediquei 8 frases a ele onde 3 seriam suficientes).

Cada pessoa tem interesses especiais, medos, sonhos e memórias.

Coisas que as fazem rir. Coisas que as mantêm acordadas à noite. Histórias que contam a si mesmas sobre quem são.

Mas você não consegue ver nada disso quando está no trânsito. Você apenas vê um carro. Um obstáculo. Um NPC bloqueando sua faixa.

A pessoa na sua frente indo exatamente no limite de velocidade? Talvez ela tenha acabado de recuperar a carteira de motorista depois de perdê-la. Talvez ela tenha um bebê dormindo no banco de trás. Talvez ela esteja levando seu pai idoso a uma consulta médica e tenha medo de qualquer movimento brusco.

O motorista agressivo costurando entre as faixas? Talvez ele tenha acabado de receber uma ligação dizendo que seu filho está no pronto-socorro. Talvez ele esteja prestes a perder o voo. Talvez ele seja apenas um motorista agressivo—mas mesmo isso é devido a algo em sua história, alguma combinação de experiências e pressões que o faz dirigir dessa forma.

Você não tem óculos mágicos de realidade aumentada. Você não pode ver seus filmes favoritos ou seus mundos internos.

Mas agora você pode lembrar que eles estão lá. E, uma vez que você faz isso, abrem-se todos os tipos de possibilidades interessantes.

Escapando do Mentalidade de NPC

A pessoa na academia expulsando as outras do enquadramento da sua câmera? Ela estava vendo NPCs.

Aquelas brigas em estádios de que falamos. Duas pessoas arriscando tudo, vendo-se como lutadores opostos. NPCs a serem derrotados.

Pessoas com cronogramas apertados na Disney, correndo de brinquedo em brinquedo. Elas eram NPCs durante a sua visita para que você se sentisse relaxado porque elas pareciam estressadas.

Pessoas estúpidas de quem você quer passar à frente na fila. NPCs programados para frustrá-lo.

O carro que te fechou sem dar seta. Um NPC com má programação.

A pessoa que pegou sua vaga de estacionamento. Um NPC roubando seus recursos.

Cada exemplo foi de alguém esquecendo que as outras pessoas não são NPCs.

O motorista de Uber no trânsito da Cidade do México me lembrou disso na hora. Não porque eu me tornei iluminado, mas porque tive um vislumbre por trás do NPC e vi a pessoa atendendo aquela ligação.

E uma vez que você vê, não consegue *desver* totalmente.

Você vai esquecer. Você vai voltar para o modo NPC. Vai ficar frustrado com o motorista lento. Vai ficar irritado com o prestador de serviço atrasado e esquecer que ele teve outros três clientes antes de você.

Isso é normal. Isso é humano.

Não há um exame para manter a humanidade plena de todos na sua cabeça o tempo todo. Isso é impossível. 30.000 pessoas em um show? Você não consegue ver todas as suas vidas simultaneamente. Não consegue perceber todos os planos individuais que elas precisaram concluir para estarem naquele show. Que metade delas viajou de outra cidade para estar lá—aviões, hotéis, transporte, tudo. Gastaram as economias da vida. Receberam a viagem como presente de formatura. Você não consegue manter a consciência de que cada pessoa naquela arena tem suas próprias esperanças e medos e pessoas esperando por elas.

Também não há um exame para a rapidez com que você percebe que está voltando ao modo NPC. Você vai vacilar. Vai esquecer. Vai tratar alguém como cenário ou obstáculo ou função.

E então algo irá lembrá-lo. Um momento de contato visual. Uma percepção que o atinge no meio do caos do trânsito.

Não NPCs, mas coajuvantes em suas próprias histórias, dirigindo ao lado da sua na mesma rodovia.

Essa é a mudança. Não perfeição. Apenas a consciência de que você pode retornar quando se lembrar.

E, às vezes, isso é o suficiente para transformar um atraso frustrante em um cigarro compartilhado no meio do caos.

Capítulo 14

A PREFERENCIAL QUE VOCÊ DÁ

Então, depois que você passa a enxergar as pessoas como pessoas em vez de NPCs, o que você faz com essa consciência?

O reconhecimento por si só não muda muita coisa. Você continua preso nesse trânsito de hora do rush com todo mundo. Alguém está tentando entrar na pista vindo da saída de um posto de gasolina, alguns carros à frente. Claramente a pessoa está travada, o bico do carro avançando um pouco a cada brecha, mas ninguém a deixa passar.

Você pode admitir que aquela pessoa tem sua própria vida completa, seus próprios motivos para estar ali, seu próprio estresse por estar atrasada—e ainda assim se recusar a deixá-la entrar porque a preferencial é sua. *Hum!*

Reconhecimento sem ação não muda nada.

Os japoneses têm uma palavra para o próximo passo—*omoiyari*. É algo mais profundo que empatia. É antecipar as necessidades de alguém sem que a pessoa precise dizer nada. Responder com um cuidado silencioso e atencioso. Pequenas gentilezas não ditas que mostram que você não apenas está ciente de que outras pessoas existem, mas que está ativamente abrindo espaço para elas.

Não são gestos grandiosos. Não é gentileza performática para as redes sociais. Apenas atos sutis que demonstram profundo respeito e sensibilidade para com os outros.

Entendendo Empatia e Simpatia

Algumas pessoas usam essas palavras como sinônimos. Elas não são a mesma coisa, e a diferença importa quando falamos de *omoiyari*.

Simpatia é uma resposta emocional: "Ah, que triste. Sinto muito por você." É sentir-se mal pela situação de alguém. Isso valida a dor da pessoa, faz com que ela se sinta ouvida, mas não necessariamente leva a algum lugar.

Empatia é compreensão: "Por que isso aconteceu? Tem como consertar?"É colocar-se na posição do outro profundamente o suficiente para enxergar soluções potenciais. É se importar o bastante para querer mudar a situação, não apenas reconhecê-la.

Quando alguém diz que está passando por dificuldades, a simpatia diz: "Deve ser difícil." A empatia diz: "O que ajudaria agora?"

Uma oferece conforto. A outra se oferece para tratar a causa.

Ambas têm seu lugar—às vezes as pessoas genuinamente só precisam ser ouvidas e validadas. Mas se o carro de alguém quebra no acostamento, um *sinto muito que isso tenha acontecido com você* não faz o carro andar. "Você precisa de cabos de chupeta ou de uma carona?" faz.

As pessoas às vezes precisam se sentir confortadas antes de considerar soluções. Isso é válido.

O *omoiyari* inclina-se para a empatia—antecipa necessidades e age sobre elas. É a empatia em movimento. Empatia que não espera ser solicitada.

Você poderia continuar passando por aquele carro tentando entrar na pista. Você tem a preferencial. Você já está atrasado.

Ou você pode parar. Abrir espaço. Dar sinal para ele entrar. Não é fraqueza. É a jogada inteligente.

Leva três segundos a mais de tempo para você. Muda inteiramente os próximos cinco minutos daquela pessoa.

Isso é *omoiyari*. Não porque você seja um santo, mas porque você se lembra de como foi estar travado, vendo todo mundo fingir que não o enxerga.

Alguém deixou você entrar uma vez. Então você deixa outra pessoa entrar. Sem esperar gratidão. Apenas abrindo espaço.

Pense nos estacionamentos. Quando você compra um carro novo, estaciona longe de todo mundo—protegendo suas portas de batidas. Isso é autopreservação.

Mas existe outra versão: estacionar longe para que a pessoa ao lado tenha espaço para abrir a porta sem preocupação. O mesmo comportamento, motivação diferente. Um é sobre proteger a si mesmo. O outro é sobre abrir espaço para outra pessoa.

Isso é *omoiyari* em uma vaga de carro.

O Terceiro Hambúrguer em Roma

Uma vez, minha esposa e eu estávamos de férias em Roma para comemorar nosso aniversário. Lembro-me de um dia em que estávamos cansados demais para sair para almoçar. Estávamos hospedados no IQ Hotel, e havia um McDonald's na esquina da Via Firenze com a Via Nazionale (depois descobri que ele se mudou para a rua seguinte), a apenas três quarteirões do hotel. Então sugeri a ela que talvez eu pudesse apenas dar uma caminhada para buscar comida para nós.

Não é para me gabar, mas meu italiano estava muito bom durante quase toda a viagem—estudei intensamente por uns dois meses antes de partirmos. Em um ponto de ônibus, cheguei até a dar instruções em italiano para um turista de Palermo que estava visitando *la città*, vindo direto da Sicília; minha esposa não conseguia acreditar na cena (nem eu, porque ele *realmente* me entendeu).

Então, quando entrei no restaurante, fiz meu pedido com confiança. Depois que paguei e saí pela porta, percebi que tinha três hambúrgueres na sacola. Eu tinha errado—meu italiano imperfeito me fez pedir três hambúrgueres em vez de dois. Sorri. Agora eu tinha uma história engraçada para contar a ela no hotel sobre o meu italiano *confiante*.

Mas quando saí, havia um morador de rua sentado do lado de fora com seu cachorro.

Entreguei a ele o terceiro hambúrguer.

Não fiz daquilo um *momento*. Não filmei. Não postei sobre isso.

Apenas entreguei a ele. Ele me agradeceu. Eu acenei com a cabeça e comecei a andar.

Então olhei para trás.

Ele estava dividindo metade do lanche com o cachorro dele.

A verdade honesta sobre isso? Aquilo me deu uma sensação muito, muito boa. E eu adorei esse sentimento. Aquele sentimento era para mim—sem vídeo, sem câmeras, sem validação de mais ninguém—, era meu.

(Vê-lo dividir com o cachorro, para mim que amo cães, foi a cereja do bolo.)

É assim que eu quero viver. Tendo sentimentos assim.

Talvez isso seja rotulado como egoísmo por quem está no banco do passageiro. Mas, para mim, é uma sensação incrível que agora tento replicar sempre que possível. Como diz um querido primo: "Se a economia familiar permitir."

Porque é nisso que o *omoiyari* se torna na prática. Não o gesto grandioso. Não o ato de caridade documentado. Apenas comprar um hambúrguer extra e entregá-lo a alguém que precise mais do que você. Na maioria das vezes, há até uma promoção de acompanhamento barato no balcão para facilitar.

Não estou dizendo isso para me exibir ou para receber elogios. Estou escrevendo isso para convidar você a fazer o mesmo. Esses pequenos gestos tornam nossa comunidade melhor. Por exemplo, agora mantenho garrafas de água no meu carro, como nos velhos tempos do Uber. Duas ou três novas. Nas paradas de semáforo, quando alguém se aproxima pedindo dinheiro ou até para limpar meu para-brisa—ou apenas vendedores vendendo coisas no sinal—em vez de ou além de dar um trocado, entrego uma garrafa de água. Especialmente em dias ensolarados.

Eles adoram a garrafa de água.

Minha esposa hoje em dia me incentiva a fazer isso em casa também, com cada entrega de comida ou pacote. Especialmente aqueles que estão em motocicletas, suando dentro dos capacetes. Sempre há uma garrafa de 500ml de água na geladeira para eles.

Viu um morador de rua do lado de fora da loja de conveniência?

Talvez comprar um refrigerante extra ao sair e entregar a ele mude mais o dia dele do que deixar uns trocados no copinho.

Coisas pequenas. Mas elas se somam.

Escolhendo Quando Você Tem Capacidade

Depois que você passa a prestar atenção às necessidades não expressas de outras pessoas, você não consegue parar de notá-las.

A pessoa lutando com uma porta pesada. A família tentando entender o mapa do metrô. O idoso que não consegue alcançar o item na prateleira de cima.

E você tem que escolher. Porque você não pode ajudar todo mundo o tempo todo.

O que significa que, às vezes, você verá alguém que precisa de ajuda e continuará andando porque está no seu limite e não consegue assumir mais nada.

E tudo bem.

Não existe um exame para estar infinitamente disponível para todos. *Omoiyari* não significa se sacrificar constantemente.

Significa prestar atenção quando você tem capacidade. Agir quando pode. Criar espaço quando não lhe custa nada ou algo gerenciável.

Às vezes, a coisa mais empática que você pode fazer é reconhecer que está esgotado e precisa preservar sua energia para as pessoas em sua vida imediata que dependem de você.

A chave é ser honesto consigo mesmo: estou realmente na minha capacidade máxima, ou apenas não quero ser incomodado?

Existe uma diferença entre "eu genuinamente não tenho mais capacidade" e "eu não estou a fim".

Um é autopreservação. O outro é apenas egoísmo.

E às vezes você não saberá qual deles é até mais tarde. Tudo bem também. Você não vai acertar todas as vezes.

A Questão dos Pequenos Gestos

O *omoiyari* não se trata de grandes demonstrações de gentileza. Não é sobre se tornar o herói da história de outra pessoa.

Trata-se dos ajustes minúsculos que você faz por estar prestando atenção.

Segurar a porta para alguém carregando caixas—mas sem fazer a pessoa se apressar porque você a está segurando.

Retirar sua bolsa do assento vazio quando o trem enche—antes que alguém precise pedir.

Abaixar sua música quando percebe que há alguém por perto tentando se concentrar.

Oferecer o assento do corredor para alguém mais alto quando você está em um avião e é baixo o suficiente para que o espaço para as pernas não importe tanto para você.

Perguntar ao seu colega se ele quer algo da cafeteria quando você já está indo—não porque está tentando ser legal, mas porque você já vai de qualquer maneira e carregar duas bebidas em vez de uma não lhe custa nada.

Esses momentos não lhe rendem pontos. Ninguém está anotando o placar. Não há prova de quantas vezes você antecipa as necessidades dos outros.

Mas eles mudam a textura da vida cotidiana. Para você e para eles.

Você está agora constantemente ciente das pessoas ao seu redor.

Todo mundo ao seu redor.

Todo mundo.

Digo, cada pessoa que você vê... desde o minuto em que acorda.

(Entendeu a indireta?)

Sim, em casa.

Aqui está o ponto central do capítulo: seu parceiro ou parceira também não é um NPC.

Eles não estão lá para cumprir o papel de seu companheiro. Eles têm uma vida, desejos, objetivos, sonhos—não para você, mas deles. E às vezes, se você tiver sorte, esses sonhos estão COM você na jogada.

O *omoiyari* com seu parceiro se parece com: pedir a bebida favorita dele sem que ele peça. Trocar o papel higiênico antes que acabe—não deixando os últimos pedaços para que ele seja quem tenha que trocar. Reabastecer a garrafa de água dele quando vê que está vazia. Carregar o celular dele quando nota que a bateria está baixa. Mudar as chaves do carro dele para onde ele possa ver quando você sabe que ele está atrasado.

Pequenas antecipações que mostram: "Estou prestando atenção na sua vida, não apenas na minha."

Isso é *omoiyari*.

Ou, como Dean Martin diria: "that's *amore*."

Não é esperar que eles peçam ajuda. Não é ficar anotando quem faz mais. Não há exame de quem faz mais do que o outro. É apenas notar quando eles estão sobrecarregados e agir antes que precisem solicitar apoio.

É isso que faz os relacionamentos parecerem parcerias em vez de negociações.

Se você não está em um relacionamento, olhe para seus pais. Eles não estão aqui apenas para prover para você (insira aqui o *clichê* de referência a caixa eletrônico).

O *omoiyari* com seus pais se parece com: levá-los para jantar, por sua conta, só porque sim. Ligar para eles para contar algo engraçado que aconteceu, não apenas quando você precisa de algo. Aparecer para ajudar com aquela coisa que eles estão adiando, sem esperar que eles peçam.

Pequenos atos que dizem: "Lembro que vocês existem como pessoas, não apenas como as pessoas que me criaram." Eles são pessoas. Eles também têm uma lista de desejos.

Você já perguntou a eles sobre a lista deles? Existe algo nela que você poderia facilitar sem que lhe pedissem?

Se eles ainda estão por aqui, você deveria compartilhar mais com eles. E não apenas a dívida do seu cartão de crédito.

Antecipando Antes de Ser Solicitado

Você está checando o retrovisor. Vê um carro atrás de você se aproximando rapidamente. Você não espera que ele dê luz alta como se fosse a sirene de uma ambulância. Você simplesmente muda de faixa antes que ele precise dar sinal, porque você está ciente de que alguém está com pressa e você pode antecipar.

Dirigindo na rodovia e de repente você encontra um engarrafamento. Você liga o pisca-alerta por precaução. Não há regra de trânsito que obrigue isso, mas você está pensando na pessoa atrás de você que talvez não tenha percebido que o trânsito à frente parou. Claro, é também pela sua própria segurança, mas isso também é *omoiyari*—antecipar o que outra pessoa pode precisar saber antes que ela perceba que precisa.

Pequenos momentos de criar espaço sem anúncio.

E, gradualmente, seu trajeto diário muda. Não porque o trânsito melhora, mas porque você está participando ativamente para torná-lo um pouco menos hostil para todos os envolvidos.

Sem correr mais. Sem competir. Apenas coexistindo. Antecipando. Abrindo espaço.

É isso que você faz com a consciência de que as outras pessoas não são NPCs.

Você dirige como se elas importassem. Porque elas importam.

E não há exame para saber com que frequência você se lembra disso. Você vai esquecer às vezes. Estará estressado e dará uma resposta atravessada a alguém que não merecia. Estará com pressa e não abrirá espaço quando poderia ter aberto.

Isso é normal.

Mas as vezes em que você se lembra? Aqueles momentos em que você para, abre espaço e o dia de alguém fica um pouco mais fácil porque você estava prestando atenção?

Esses momentos se somam.

Não em nenhum placar oficial. Não para nota.

Apenas quilômetros no odômetro de todos. Incluindo o seu.

E, às vezes, aquele ato silencioso de antecipar a necessidade de alguém sem que a pessoa precise pedir torna-se o momento que ela lembrará anos depois ao pensar em seu trajeto.

A pessoa que a deixou entrar na faixa. O estranho que segurou a porta. O momento em que alguém a viu em dificuldade e ajudou sem fazer daquilo um espetáculo.

Você pode não se lembrar de ter feito.

Mas eles vão se lembrar que alguém fez.

E quem sabe, na próxima vez, eles abram espaço para outra pessoa.

Não porque estejam tentando retribuir o favor ou equilibrar algum livro de contabilidade cósmico.

Apenas porque se lembram de como foi ter alguém antecipando suas necessidades e respondendo com um cuidado silencioso e atencioso. A companhia é tudo quando se está em uma longa viagem.

Isso é *omoiyari*.

Essa é a arte de enxergar os outros.

E é isso que faz a estrada parecer um pouco menos uma competição e um pouco mais uma jornada compartilhada, mesmo quando estamos todos presos nesse engarrafamento.

Capítulo 15

SINAIS DE PARE EXISTEM POR UM MOTIVO

Tudo bem, não existe prova. Não existe sistema de notas. Não existe uma competição que você precise vencer. Não existe um juiz avaliando a sua rota em comparação à de todos os outros.

Mas EXISTEM regras. Regras são boas. Bem-vindo ao mundo real —ele tem regras, e ignorá-las não as faz desaparecer.

Antes que você ache que acabei de contradizer toda a premissa do livro, deixe-me explicar. Leis de trânsito existem. Sinais vermelhos. Limites de velocidade. Sinais de pare. Faixas de sinalização. Elas não estão lá para dar nota ao seu desempenho ou ranqueá-lo em relação a outros motoristas. Elas estão lá para que não batamos uns nos outros.

Você pode fazer a rota que quiser. Pode ir na sua própria velocidade. Pode mudar de faixa quando precisar. Mas não pode avançar sinais vermelhos e atravessar cruzamentos porque *não existe prova* . Isso não é liberdade—é caos.

O Senso de Direito

Algumas pessoas dizem que o senso de direito, especialmente nas redes sociais, é geracional. Mas isso não é um traço de uma idade específica. Todos estamos fazendo isso, subconscientemente ou não. Todo mundo é o personagem principal da sua própria história (e nós somos). Mas algumas pessoas não conseguem lidar quando a história de outra pessoa ocupa o palco por cinco minutos. Se eles são os protagonistas, você deveria ser o figurante. Quando você posta sobre a SUA vida, eles sentem que foram rebaixados a personagens coadjuvantes.

Então, eles sequestram o momento. Redirecionam a atenção. Fazem o seu post ser sobre eles. E aqui está o detalhe: eles não sabem que nós sabemos. Eles não percebem que conseguimos enxergar através desse redirecionamento.

Você tem total direito de viver a sua vida. Poste o seu café da manhã. Compartilhe suas vitórias. Celebre suas conquistas. Mas você não tem o direito de empurrar a sua vida para dentro do momento de outra pessoa e exigir atenção igual.

Se alguém está celebrando, deixe que celebrem. Se alguém está em luto, deixe que vivam o luto. Se alguém está compartilhando alegria, não responda com o seu currículo de alegria superior. Regras não escritas.

Não porque exista um exame sobre ser solidário, mas porque EXISTEM pessoas nesta estrada, e elas têm direito aos seus momentos tanto quanto você tem direito aos seus.

As Regras Não Escritas

O time de alguém venceu? Deixe que aproveitem. Não insulte os jogadores do time perdedor. Não mude o foco imediatamente para: "Bem, o MEU time venceu mais campeonatos." O momento deles não é sobre você.

Alguém recebeu um aumento no trabalho? Comemore. Não pense: "Por que eles e não eu?". Eles não estão tirando esse aumento do seu salário. O sucesso deles não subtraiu nada do seu contracheque. *Deixe* que eles aproveitem.

Alguém compartilha algo de que se orgulha? Deixe que se orgulhem. Você não precisa competir. Não precisa criticar. Não precisa fazer disso algo sobre você. Não existe prova sobre quem está mais orgulhoso.

"A única ocasião que justifica olhar para alguém de cima para baixo é enquanto você o está ajudando a se levantar."

— NEIL DEGRASSE TYSON, *STARRY MESSENGER*,

149.

Isso se aplica a menosprezar os momentos alheios. O tamanho das suas conquistas é relativo apenas a você, não a eles. Suas emoções são relativas apenas a você, não a eles. Você não precisa diminuir as ações de outra pessoa só porque acha que as suas são melhores. Você não é superior a eles em emoções ou posses.

Não porque você esteja recebendo nota por sua gentileza (você não está), mas porque está compartilhando a estrada com outros seres humanos que também são o centro de suas próprias vidas. E a vida deles merece o mesmo respeito que você espera para a sua. Suas escolhas. Seus momentos. Até mesmo sua liberdade:

A Lição de Cecilia Giménez

Anos atrás, talvez você tenha ouvido falar dessa história. Uma curadora de arte chamada Cecilia Giménez tentou restaurar a pintura *Ecce Homo* em sua igreja local. Deu errado. Muito errado. A internet explodiu. Memes por toda parte.

Mas então algo mais sombrio aconteceu: as pessoas exigiram que ela enfrentasse acusações criminais. Queriam que ela fosse processada. Alguns queriam que ela fosse presa.

Prisão.

Por causa de uma restauração malfeita de uma pintura.

Pense nisso. Pessoas que afirmavam amar a arte, que postavam incessantemente sobre a importância de preservar a cultura e respeitar a história, estavam dispostas a destruir a liberdade de um ser humano por causa de uma pintura.

Eu entendo que a arte tem valor. Entendo que a preservação cultural importa. Mas o desejo de punir a vida de alguém, de valorizar uma pintura acima da liberdade dela, me pareceu insano.

Isso me fez pensar sobre o que realmente valorizamos quando dizemos que valorizamos a arte:

Se você visse no Louvre uma cópia perfeita da *Mona Lisa*, indistinguível da original, você não *sentiria o mesmo* sabendo que era uma réplica. Por quê? Quero dizer, a experiência visual é idêntica. A técnica, a composição, as cores—está tudo lá.

Valorizamos o fato de que um humano a fez. Que as mãos reais de Leonardo da Vinci tocaram aquela tela séculos atrás.

Hoje, com a inteligência artificial generativa, você pode criar arte magnífica em todos os estilos. Tecnicamente impecável. Esteticamente deslumbrante. Mas não a elogiamos da mesma forma, obviamente, porque um modelo de IA a gerou.

Estou começando a acreditar sinceramente que não apreciamos as obras de arte em si. Definitivamente apreciamos os humanos capazes de criar arte com as mãos, mas não a peça final isolada.

Então, quando as pessoas exigiram que Cecilia enfrentasse a prisão, revelaram algo: o apego delas à pintura, que a maioria nem conhecia uma semana antes, importava mais do que a humanidade dela. Ela se tornou um NPC na história deles sobre proteger a arte. Uma vilã a ser punida. Um símbolo usado para servir de exemplo.

Ela tinha 81 anos quando o incidente aconteceu. Ela ofereceu seu tempo voluntariamente para ajudar a igreja. Não teve lucro. Não vandalizou nada. Ela apenas... falhou em algo que tentou fazer de boa-fé.

A Prática dos Três Carros

Aqui está algo prático que você fará a partir de hoje.

Durante o seu dia: deixe três carros entrarem na sua frente.

Não dois. Não cinco. Três.

Por que três especificamente? Existe uma psicologia por trás disso. Quando as lojas vendem ovos por dúzia, as pessoas aprendem a comprar doze. Não onze. Não treze. O número torna-se o padrão. Isso é chamado de efeito de ancoragem no marketing. O primeiro número que você encontra torna-se seu ponto de referência.

A teoria do empurrão (nudge theory) nos mostra que comandos

pequenos e específicos mudam o comportamento de forma mais eficaz do que sugestões vagas. *Seja gentil* não fixa na mente. *Deixe três carros passarem* fixa.

E há também o princípio da escassez em jogo. Três parece algo gerenciável, não infinito. É o suficiente para ser intencional, mas não tanto que pareça um fardo que você deixará de fazer depois de uma semana.

Três carros durante todo o seu trajeto. Três pequenos gestos durante o seu dia. Três momentos em que você cria espaço para outra pessoa.

Não porque exista um exame sobre gentileza diária. Mas porque a prática muda algo dentro de você.

Quando você deixa os três carros entrarem, não está apenas ajudando-os, está lembrando a si mesmo que eles não são um NPC. Eles têm algum lugar para ir. Estão estressados com o atraso. Precisavam da brecha que você acabou de criar.

Isso não é apenas para eles. É para você. É a prática de consciência que te impede de escorregar de volta para o pensamento de NPC, onde todos ao seu redor são apenas cenário no seu trajeto.

Três. Não quatro. Não sete.

Não porque seja um número mágico, mas porque é específico o suficiente para ser lembrado e pequeno o suficiente para ser realmente feito.

Alguns dias você esquecerá e fará apenas um. Mas quando se lembrar, quando conscientemente criar espaço três vezes durante o seu dia, é aí que a estrada deixa de parecer uma competição e começa a parecer que somos todos uma comunidade de pessoas tentando chegar a algum lugar. E eu estarei lá por você, porque você também está lá por mim.

Três carros. Três gestos. Três momentos de reconhecer que a rota de outra pessoa importa tanto quanto a sua.

Comece hoje.

O Oxímoro Áspero

"Eu me importo o suficiente com você para não me importar com a sua vida diária."

Isso soou até maldoso, certo? É justamente o contrário.

Felicidade não é se importar em se sentir superior aos outros ou fazê-los sentir-se inferiores a você. Ela não é relativa. Felicidade é viver a sua vida sem a necessidade de medi-la contra o painel de controle de todo mundo.

Eu me importo o suficiente com você para querer que você viva bem. Eu me importo o suficiente para respeitar a sua rota. Eu me importo o suficiente para deixar você fazer suas próprias escolhas e celebrar suas próprias vitórias.

Mas eu não preciso e não quero monitorar a sua vida. Não preciso competir com suas conquistas. Não preciso da sua validação da minha rota nem da sua permissão para seguir a minha.

Não é indiferença. É respeito.

O Formigueiro

As formigas seguem regras. Não porque exista uma polícia de formigas avaliando o desempenho delas, mas porque a colônia só sobrevive quando todos respeitam o sistema.

Nenhuma formiga exige a melhor comida. Nenhuma formiga sequestra o caminho de outra formiga para torná-lo sobre si mesma. Nenhuma formiga se recusa a contribuir por causa de "o que eu ganho com isso?". Elas não se sacrificam por reconhecimento ou elogio. Elas apenas seguem as regras coletivas que mantêm a colônia funcionando.

Nós somos mais espertos que as formigas. Podemos questionar. Podemos perguntar: "Por que eu deveria seguir essas regras?". Podemos calcular se respeitar o momento de outra pessoa serve aos nossos interesses. Podemos decidir que nossa necessidade de atenção é mais importante do que o direito de outra pessoa à sua conquista.

Mas talvez isso não seja a vantagem que pensamos que é.

Se estamos compartilhando esta estrada, este engarrafamento, se estamos vivendo neste planeta juntos, nós não apenas precisamos, nós queremos seguir nossas regras. Não porque exista um exame sobre segui-las, mas porque sem elas, somos apenas milhões de indivíduos batendo uns nos outros constantemente. Regras ajudam a controlar a diversão.

As formigas descobriram isso. Nós também deveríamos.

As Regras Não Estão Te Dando Nota

Leis de trânsito não julgam a sua rota. Elas apenas garantem que você não bata em ninguém enquanto a percorre.

O mesmo vale para estas regras sobre respeitar os outros. Elas não estão medindo o seu desempenho como ser humano. Não estão te ranqueando em um placar de líderes da gentileza. Eu sei—parece injusto. Mas os sinais vermelhos não se importam com a sua agenda. Eles estão apenas dizendo: a sua rota é sua, a deles é deles, e ambas podem existir sem colisão se vocês respeitarem o espaço entre si.

Você não precisa ser perfeito nisso. Você tem direito à sua raiva no trânsito. Tem direito à sua frustração quando alguém te fecha. Tem direito de nem sempre estar com vontade de deixar as pessoas entrarem na sua frente.

Mas quando você tenta ser esperto demais e tenta furar a fila, e depois pede permissão ao carro da frente para entrar e acessar a estrada; quando você faz o momento de alguém ser sobre você; quando exige atenção como um direito em vez de conquistá-la através de uma conexão genuína; quando trata as pessoas como NPCs na sua história em vez de protagonistas nas delas; essas não são violações de um exame, são violações das regras não escritas que estamos discutindo aqui, que permitem que todos compartilhemos esta estrada sem coli-sões constantes.

A Oração da Gestalt

Fritz Perls, o fundador da Gestalt-terapia, escreveu uma declaração que provavelmente deveria ser impressa em placas de sinalização de estradas:

Eu faço as minhas coisas e você faz as suas.

Eu não estou neste mundo para viver de acordo com as suas expectativas,

E você não está neste mundo para viver de acordo com as minhas.

Você é você, e eu sou eu.

Se por acaso nos encontrarmos, é lindo.

Se não, não há nada a fazer.

Falta-me amor por mim mesmo

quando, ao tentar agradar você, eu me traio.

Falta-me amor por você

quando tento fazer você ser como eu quero que seja

em vez de aceitá-lo como você realmente é.

Você é você, e eu sou eu.

— FRITZ PERLS

É isso. Essa é toda a filosofia em doze linhas.

Você segue a sua rota. Eu sigo a minha. Se nossos caminhos se cruzarem e viajarmos juntos por um tempo, fantástico. Se não, tudo bem também.

Mas enquanto estivermos compartilhando a estrada? Seguimos as regras. Respeitamos o espaço um do outro. Deixamos que as pessoas tenham seus momentos. Não avançamos sinais vermelhos assumindo que todos os outros vão se adaptar a nós.

Não há nenhum juiz observando para ver se você é bom o suficiente.

Mas EXISTEM pessoas. E elas não são decorações na sua rota. Elas estão em suas próprias rotas, e essas rotas são tão reais quanto a sua.

Respeite as regras. Não porque você receberá uma nota por isso, mas porque é assim que todos chegamos onde estamos indo sem nos destruirmos uns aos outros pelo caminho.

Parte Seis

A ESTRADA ABERTA

A rodovia se abre, dirigindo em sua própria velocidade.

Capítulo 16

O HOJE É 100% DO SEU TRAJETO

Durante o meu 45° aniversário, lembro-me de ter sentido um orgulho genuíno. Não porque eu tivesse cumprido alguma lista de tarefas ou alcançado algum marco histórico. Mas porque pensei, de forma otimista, que estava no auge da minha expectativa de vida. No meio. Na metade do caminho.

Eu me perguntava: "Eu me sinto velho?" De jeito nenhum. Estou apenas na metade da minha vida. Esperando chegar aos 90 anos, certo? Isso trazia uma sensação boa. Dava uma sensação de controle.

Então comecei a notar algo.

Pessoas ao meu redor estavam morrendo no que todos chamam de —pouca idade—. Acidentes trágicos. Celebridades. Atletas. Pandemia. Pessoas que eu admirava.

Paul Walker. Eu gosto muito da franquia Velozes e Furiosos. E ele morreu em um trágico acidente de carro. Simples assim.

Kobe Bryant. Morreu em um trajeto comum. Nem foi em uma manobra radical de helicóptero. Estava apenas indo a algum lugar com a filha.

Matthew Perry. Personagem icônico de Friends. Chandler, o rei da ironia na TV. Overdose.

Inúmeros amigos e familiares próximos durante a COVID.

E a ficha caiu: é isso. Aquela foi a vida inteira deles.

Não foi a metade. Não foram *ainda faltavam 30 anos*. Aquilo foi 100% do que eles tiveram.

Depois li um artigo sobre uma técnica de fazer a contagem regressiva dos seus verões, literalmente, para aproveitar ao máximo os que lhe restam: "Quantos verões você ainda tem?" Pegue sua idade, subtraia de 80 ou 90, e esses são os seus verões restantes. É bom fazer cada um valer a pena!

Minha reação imediata? Eu odiei.

Não é só que eu odeio viver sob pressão. Isso nem é viver.

Eis o que acontece se você vive por contagem regressiva: você sai em uma viagem e, se algo der errado—se um pneu furar e você não chegar ao seu destino—aquele momento se torna miserável. Você *perdeu* a sua janela. Agora você tem que reorganizar tudo, ou viver com a culpa de que essa experiência *não contou*.

(Mas agora vejo com clareza. Aquilo também contou. Seu pneu furou. Você conheceu pessoas na cidade mais próxima que te ajudaram. Você viu como a vida deles é mais lenta que a sua. Como as mentes deles estão focadas apenas no próximo domingo, porque é quando haverá o baile no coreto da praça no centro da cidade.)

Isso também é viver. Descobrir novas experiências. Mas se você está correndo contra uma contagem regressiva, você perde isso completamente. Você está ocupado demais ficando com raiva do atraso.

A pressão de ter 15 verões restantes? 30 verões restantes? Não, eu odiei essa abordagem.

Então, comecei a me questionar. Refletir. Tentar desmascarar isso: espere um pouco, por que você tem tanta certeza de que vai viver até os 85?

Porque essa é a estatística.

Você olhou para os números, mas não olhou de verdade. Estatísticas são apenas uma explicação do que aconteceu. É por isso que estatística e probabilidade são próximas, mas não são a mesma coisa. As estatísticas dizem o que ocorreu no passado, o desempenho. Elas não preveem o SEU futuro específico.

Quanta ingenuidade a nossa de nos colocarmos no mesmo saco de uma estatística baseada em pessoas aleatórias—pessoas que só morreram de causas naturais, porque acidentes são pontos fora da curva na estatística—, pessoas que trilharam rotas completamente diferentes das nossas?

Foi quando comecei a tentar ver a coisa pelo caminho inverso.

A Falácia da Contagem Regressiva

Lembra-se? Você é o padrão. Sua vida, seu ritmo, sua rota.

Mas aquela média de *80 anos* ou *90 anos*? Ela vem de milhões de pessoas que viveram rotas completamente diferentes da sua. Genéticas diferentes. Hábitos diferentes. Veículos diferentes. Rodovias totalmente diferentes.

Alguns de nós estão constantemente na estrada principal—alta velocidade, alto estresse, queimando combustível. Alguns de nós estão em uma carroça subindo da fazenda para nossa casa no bosque—devagar e sempre, desgaste mínimo.

Dirigimos carros muito diferentes em ritmos muito diferentes.

Você não é uma formiga. Não somos uma espécie que se comporta de forma quase idêntica, onde se poderia prever razoavelmente a vida útil de todos com base na média da colônia—com uma minúscula margem de erro.

Sua rota é sua. Seu veículo é seu. Seu ritmo é seu.

Fazer uma contagem regressiva de *25 verões restantes* baseada na leitura do odômetro de outra pessoa não faz sentido. Você não sabe quantos verões você tem. Ninguém sabe. Você pode ter 50. Pode ter 5. Pode ter 1.

Mas o que você REALMENTE tem é este verão. Agora. E quando o próximo verão chegar, você terá esse também.

Atrasado no Cronograma

Eu tinha 32 anos quando pedi a Silvana em namoro. 25 de outubro de 2009. Ficamos noivos exatamente um ano depois—na mesma data. Nos casamos em 22 de outubro de 2011.

Antes da Silvana, tive duas namoradas. A primeira durou cerca de três semanas quando eu tinha 17 anos. A segunda durou um mês e meio quando eu tinha 20.

Isso significa que passei 12 anos *sem namorada*. E na minha cidade natal, onde todos se casam por volta dos 25, eu estava muito atrasado na vida. Eu estava fora do cronograma.

Um amigo me disse—como justificativa para se casar aos 20 e poucos anos *: * Você precisa se casar aos 20 para poder brincar com seus filhos aos 30.—Ele tinha tanta certeza de que esse era o jeito certo, porque aos 40 você já não consegue mais correr como corria aos 30.

De acordo com qual linha do tempo? Segundo a rota de quem? Por que eu não seria capaz de brincar com meu filho aos 40?

Eu não me casei aos 20. Casei-me aos 34. E quer saber? Eu ainda brinco com meu filho. A linha do tempo que meu amigo impôs—aquela que me fez sentir atrasado—era completamente arbitrária. Funcionava na rota dele. Não tinha nada a ver com a minha.

Essa é a armadilha de medir o seu odômetro comparando-o com a jornada de outra pessoa.

Fiz Isso a Minha Vida Inteira

Pense em como essa frase funciona.

Quando você tem 15 anos e diz: "Ando de skate a minha vida inteira", você quer dizer 15 anos. Essa é a extensão completa da sua existência, e o skate fez parte dela o tempo todo. Os 100% da sua vida inteira.

Quando você tem 40 anos e diz: "Trabalho com tecnologia a minha vida inteira", você quer dizer 40 anos (ou o tempo que durou sua carreira, seus 25 anos de trabalho efetivo). Essa é a sua jornada profissional de 100%.

Seu odômetro mostra a distância completa que você percorreu. Tudo. Isso não é uma fração de um total previsto—é a coisa toda. Sua vida inteira, ali mesmo no painel. Ele não marca 15.000 de um total de 90.000 milhas.

Aos 15 anos, sua vida inteira era de 15 anos. Aos 26, sua vida inteira é de 26 anos. Aos 48, sua vida inteira é de 48 anos. Isso é 100%. Não é

60% esperando pelos 40% restantes. Não é a metade do caminho para uma linha de chegada imaginária. É 100%.

O Reset dos 100%

Aqui é onde a coisa fica interessante.

A maioria das pessoas pensa na vida como uma bateria descarregando. Você começa em 100% e, a cada ano que passa, perde uma porcentagem. Aos 50, você está na *metade* da sua vida. Aos 75, está na *reta final*.

Mas não é assim que o seu odômetro funciona.

Seu odômetro não faz contagem regressiva. Ele conta progressivamente.

Cada quilômetro que você dirige é adicionado ao seu total. Cada ano que você vive se torna parte da sua jornada completa. Você não está perdendo vida—você está acumulando-a.

Aos 26 anos, sua vida não é *26 de um total possível de 80*. Sua vida É 26 anos. Isso é 100% do que você viveu. Essa é a medida completa da sua existência até agora.

Quando você faz 27, você não se torna *27 de 80*. Você se torna alguém de 27 anos—seu novo 100%. Sua referência se reinicia. Sua vida completa agora é um ano mais longa.

Isso não é semântica. Isso muda a maneira como você vivencia o tempo.

Quando você faz a contagem regressiva ("Tenho 25 verões restantes"), cada verão que passa parece uma perda. Você está queimando um recurso limitado. A contagem regressiva cria ansiedade, urgência, pressão. Você está correndo contra um relógio que pode nem se aplicar a você.

Quando você conta progressivamente ("Este é o verão número 48 para mim"), cada verão que chega é um presente. Você não perdeu nada —você ganhou um novo. E quando o próximo verão chegar, ele se tornará parte do seu novo 100%.

Você ganha um verão extra a cada ano. E uma vez que você o vivenciou, ele se torna parte dos seus 100% concluídos—não uma dedução de um total arbitrário, mas uma adição à sua vida real.

Perspectiva: Toda Manhã Que Você Acorda

Toda vez que você acorda, você é abençoado. Você está aqui e pode fazer um novo passeio.

Há pessoas nas trincheiras agora apenas esperando chegar ao dia seguinte. Há pessoas em situação de rua esperando passar o dia sem morrer de fome. Há pessoas em países opressores ou assolados pela guerra esperando chegar amanhã, ou apenas tentando aproveitar o momento porque um ataque repentino pode acontecer a qualquer minuto.

Isso não sou eu sendo catastrófico. Esta é a realidade para milhões de pessoas.

Pergunte a elas se sentem que estão na metade da sua linha do tempo.

Sua capacidade de sequer pensar no amanhã—de planejar antecipadamente, de visar algo além do hoje—já é um privilégio. Portanto, se você quiser pensar no futuro, aqui está uma estrutura melhor do que contar verões que talvez você não tenha.

A Meta dos 5%

Você está nos seus 100% agora. Mas digamos que você queira pensar no futuro. Digamos que você queira almejar algo além do hoje.

Em vez de fazer a contagem regressiva a partir de um número arbitrário, mire em um adicional de 5% além dos seus 100% atuais.

Não 20%. Não 30%.

Até onde você irá? Apenas 5%.

Você tem 40 anos? Seus 100% são 40 anos. Mire em um extra de 5%—são mais 2 anos para se manter saudável, cuidar de si mesmo, fazer escolhas que sustentem seu corpo e sua mente. Você pode vislumbrar como quer passar os próximos 2 anos da sua vida profissional. Esse extra de 5% é muito razoável. Você consegue lidar com isso. Você já sabe viver—fez isso por 40 anos. Adicionar apenas mais 5% parece perfeitamente possível.

Aqui está a beleza da estrutura dos 5%: quanto mais velho você fica, maior esses 5% se tornam em termos absolutos, mas mais equipado você está para lidar com isso. A porcentagem é relativa à sua idade.

5% de 20 anos é 1 ano. 5% de 60 anos são 3 anos. 5% de 90 anos são 4.5 anos.

O número cresce, mas sua competência também. Sua sabedoria. Você passou a vida inteira aprendendo a cuidar de si mesmo, a navegar na sua rota, a gerenciar seu veículo. Cada ano extra o torna melhor nisso.

E quando você atinge esse extra de 5%, ele não continua sendo—5% extra—. Ele se torna parte do seu novo 100%.

Se você tem 40 anos e mirou nos 42, quando chegar aos 42, isso não é "105% da sua vida prevista." Esse é o seu novo 100%. Sua vida completa. Sua leitura completa do odômetro.

Você pode colocar 10% em vez de 5%. O princípio é o mesmo. O ponto é este: você não está perseguindo uma linha do tempo externa. Você está construindo sobre o que já realizou. E cada dia que você vive se torna parte dos seus 100% concluídos, não uma porcentagem deduzida de um total imaginário.

O *Você do Futuro* é Dono dos 100% Futuros

Aqui está a parte que é difícil de explicar, mas crucial de entender:

Você não tem *coisas não realizadas* pendentes nos 100% de hoje.

Sua vida agora *seus 100%* está completa. Não falta nada. Você não falhou nas coisas que *já deveria ter feito*, porque esses 100% são o que você realmente fez, não o que você acha que deveria ter feito.

Seus 100% são o que define você como pessoa.

Isso é o que você é. Você não é os planos para o seu futuro que ainda não ocorreram.

O *você do futuro* será dono dos seus 100% futuros. Não o *você atual*.

Se há algo que você quer fazer, algo que quer vivenciar, algo que quer realizar —isso pertence ao odômetro do seu eu do futuro. Quando você chegar lá, isso se tornará parte daqueles 100%. Mas não está ausente destes 100%, porque seus 100% atuais estão completos como estão.

Você não tem ideias para o futuro. Essas ideias estão aqui no seu presente—você já as tem. Você terá ideias diferentes no futuro, mas ainda não vive lá. Viva o hoje. Decida quais ideias fazem sentido e execute-as hoje, porque essas são suas ideias presentes. As ideias futuras pertencem ao seu *eu futuro*.

Pare de medir o que você ainda não fez em relação a uma linha do tempo imaginária. Pare de pensar: "Tenho 35 anos e já deveria ter [comprado uma casa / tido filhos / começado um negócio / viajado o mundo]."

Deveria de acordo com quem? Segundo qual linha do tempo? Segundo qual rota?

Sua rota é sua. Seus 100% são o que você viveu, não o que você acha que deveria ter vivido. E quando você fizer essas coisas—se você as fizer—, elas se tornarão parte dos seus 100% futuros, que serão tão completos quanto os seus 100% atuais.

Como é Viver a 100%

Um amigo meu estava vivendo no modo de contagem regressiva. Estressado. Sempre planejando. Sempre medindo. Sempre se sentindo atrasado.

Compartilhei essa perspectiva com ele. O conceito dos 100%. A ideia de que ele já está completo agora.

Ele me contou mais tarde que o estresse saiu de seu corpo. Ele estava vivendo em um futuro que ainda não chegou. Começou a viver o hoje.

Agora ele se permite não fazer nada em um dia se não quiser. Não há uma cota que ele precise cumprir. Ele presta contas ao seu eu presente de agora.

Eu também já passei por isso. Houve uma época em que eu acordava às 4 da manhã para dar lances em Air Jordan 1s no eBay. Tentando *roubá-los* de outros licitantes. Bem, eu não sou um ladrão. Sou um fã. O ponto é: eu estava correndo contra o quê? Algum prazo imaginário? Como se estivesse ficando sem tempo para *completar* uma coleção de tênis que não tinha uma linha de chegada real. Minha compulsão já tinha 34 pares, mas eu não conseguia ver que já estava completo. Eu contava o que ainda precisava conseguir em vez do que já tinha acumulado. Aquela urgência *aquela pressão de contagem regressiva* estava criando o estresse.

E enquanto escrevo este livro, posso aceitar ainda mais que este é o meu 100%. Isso não é apenas um livro para minha lista de desejos antes de morrer. Deixar escrita hoje esta mensagem de que *não há exame* é a forma mais tangível de transcender anos após minha partida.

Estou plenamente consciente de que estou nos meus 100%. Que o amanhã não é garantido. E minha alma ficaria decepcionada se eu não tivesse terminado este livro antes de partir.

E se alguém pegar isso e reformular ou desmascarar e tornar algo melhor para a sociedade, mesmo assim eu ainda estarei transcendendo —porque ajudei a moldar o que não precisa ser feito.

Sim, isso soa fatalista. Mas até o meu ego querendo terminar este livro está ciente: estamos nos nossos 100% agora.

Olhe para o seu odômetro agora. Quantos anos ele mostra? Isso não é uma fração de um total previsto. Não é *X de Y*. Essa é a sua jornada completa até agora. Isso é 100% da sua vida.

Não vendem carros com odômetros de contagem regressiva ou com limite de quilometragem. Eles sempre contam progressivamente as milhas e quilômetros.

Cada quilômetro deixado para trás faz parte da sua jornada. Não é uma preparação para a sua jornada. Não é a *fase de configuração* antes da sua *vida real* começar. Os quilômetros que você já dirigiu SÃO a sua vida.

Os anos que passou na escola? Parte dos seus 100%. Os relacionamentos que não deram certo? Parte dos seus 100%. Os empregos que você experimentou e deixou? Parte dos seus 100%. Os lugares onde morou? Parte dos seus 100%. Os erros que cometeu? Parte dos seus 100%. As coisas de que se orgulha? Parte dos seus 100%.

Tudo. Cada quilômetro. Essa é a sua jornada. E ela está completa.

Quando você adiciona mais quilômetros, você não *completa* sua jornada. Você a expande. Sua jornada já estava completa. Agora ela está completa em uma distância maior.

Essa é a mudança de chave.

Você não está ficando sem vida. Você está acumulando-a. Você não está na metade do caminho para a linha de chegada. Você está em

100% da jornada que viveu até agora. E amanhã, você estará em 100% novamente, com um dia a mais adicionado.

Não há exame avaliando se você já dirigiu o suficiente. Não há placar medindo se a leitura do seu odômetro está *boa* ou *atrasada*.

Existe apenas o seu odômetro. Seus quilômetros. Seus 100%.

E a cada manhã que você acorda, esse número sobe, não desce.

Hoje é 100% da sua vida. Amanhã será o seu novo 100%. Pare de contar regressivamente os verões que talvez você não tenha. Comece a contar progressivamente os que você alcança.

Capítulo 17

OLHOS NA ESTRADA

Mesmo quando você está na estrada certa, seguindo na direção correta e progredindo—seus olhos ainda podem estar em outro lugar.

Dando uma olhada na tela. Conferindo notificações. Rolando o *feed* pela rota de outra pessoa enquanto você deveria estar navegando a sua.

Literalmente, enquanto dirige. Mas isso também é uma realidade em todas as áreas de nossas vidas.

Você pode estar exatamente onde precisa estar e mesmo assim perder tudo. Porque estar fisicamente presente e estar realmente presente não são a mesma coisa.

As Barreiras de Proteção Que Ajudam

Quando entro no carro, abro o Waze—um aplicativo de navegação que mostra a rota, padrões de tráfego e onde estão ocorrendo acidentes. É como o Google Maps, com atualizações em tempo real de outros motoristas. Defino meu destino para ter uma ideia do ETA (estimativa de chegada) e depois coloco meu telefone no painel, em um suporte magnético que vai nas saídas de ar. A parte peculiar disso é que coloco meu telefone na horizontal em vez de mantê-lo na vertical.

O motivo pelo qual comecei a fazer isso: quando o telefone está na horizontal, você tem uma visão mais ampla do mapa. Uma perspectiva panorâmica melhor. Você consegue ver mais do que está por vir, especialmente na visão 3D—isso ajuda a entender a rota à frente com mais profundidade.

Mas continuei fazendo isso por um motivo diferente.

Quando o telefone está na horizontal e chega uma mensagem de texto, a área de resposta ocupa a tela inteira se você tentar responder. Fica uma bagunça. O teclado bloqueia tudo. Torna o ato de enviar mensagens enquanto dirijo inconveniente o suficiente para que eu nem me dê ao trabalho.

Estou criando uma barreira de proteção para mim mesmo. Não estou contando com a força de vontade—estou construindo um sistema onde a escolha errada se torna mais difícil de fazer do que a certa.

A força de vontade é finita. Ela se esgota. Especialmente ao final de um longo dia, quando você está cansado e estressado e aquela notificação de mensagem apita. Você pode ter a disciplina para ignorá-la uma, duas, talvez dez vezes. Mas, eventualmente, você vai olhar. A força de vontade sozinha não é suficiente contra o puxão constante da distração.

É por isso que você precisa de barreiras de proteção. Sistemas que funcionam mesmo quando sua força de vontade falha.

E quando não estou distraído tentando mandar mensagens, ou vendo quem acabou de me escrever, ou encarando a contagem regressiva do ETA tentando bater meu tempo estimado de chegada, posso realmente prestar atenção ao que está acontecendo ao meu redor.

Sua Estrada ou a de Outra Pessoa

Mas, na maioria das vezes, não construímos barreiras de proteção. Apenas rolamos a tela.

Pelas férias de outras pessoas. Pelas conquistas de outras pessoas. Pelos momentos cuidadosamente selecionados de outras pessoas que fazem a rota delas parecer melhor do que a sua.

Você está sentado no seu carro, dirigindo sua rota. E, em vez disso, está assistindo aos melhores momentos da vida de todo mundo.

Pense no filho do seu amigo. A criança mais feliz que você conhece, certo? Sempre sorrindo nas fotos. Cada imagem nas redes sociais mostra a criança rindo, brincando, se divertindo como nunca.

Você vê talvez cinco minutos do dia dela—a fração que os pais escolheram compartilhar. E você presume que aquela criança ri o dia todo. Que a vida dela é pura alegria. Que seu amigo descobriu algum segredo de paternidade que você desconhece.

Mas você não vê a birra que aconteceu cinco minutos antes da foto. O colapso por causa do copo da cor errada. A batalha na hora de dormir. Os momentos que não são postados.

Você está observando as estradas de outras pessoas, mas só está vendo as partes que elas escolheram te mostrar. Nem sequer as estradas reais delas. Suas versões editadas.

E enquanto você observa as estradas editadas delas, você está perdendo a sua.

Talvez você esteja perdendo a sua de propósito. Talvez você tenha as birras em casa, a briga na hora de dormir, o caos que não sai bem na foto. E rolar a tela de volta para a criança mais feliz do mundo te conforta. Lembra você de que a vida das outras pessoas parece mais fácil, melhor e mais organizada do que a sua parece agora.

A ironia é que temos tanto medo de perder o que todo mundo está fazendo que acabamos perdendo o que nós mesmos estamos fazendo.

Você está ao volante da sua própria vida e está encarando o painel de outra pessoa.

A Hora Que Mais Importa

Você provavelmente já ouviu falar da UTI nos hospitais—unidade de terapia intensiva. Mas também existe um lugar com a sigla UTIN. O N vem de Neonatal. Terapia intensiva para recém-nascidos.

É um lugar especial. Fileiras de incubadoras. Bebês minúsculos conectados a monitores e tubos. Enfermeiras que se movem com uma precisão tão cuidadosa, como se estivessem manipulando a coisa mais frágil do mundo. Porque elas estão.

Todos naquela unidade têm um foco: ajudar esses bebês a crescerem, ajudá-los a lutar, ajudá-los a sobreviver.

Em 2017, meus filhos nasceram prematuros. Passamos 78 dias na UTIN.

Setenta e oito dias conhecendo uma nova comunidade—os outros pais que compartilhavam aquele espaço, os médicos, a equipe e, especialmente, as enfermeiras. Você conhece as pessoas de maneiras que não espera quando estão todos juntos naquela unidade.

Como pai, você pode passar tempo na UTIN com seus filhos, mas há uma ressalva: quanto tempo. Isso varia de hospital para hospital, porque os recém-nascidos *a maioria prematuros* não podem ser expostos demais ao mundo exterior. Em média, você só pode visitar por uma hora por dia.

Uma hora.

É o que você tem. Uma hora para estar lá, observá-los através da incubadora, cantar para eles, contar sobre o seu dia, sobre como está preparando o quarto deles em casa. Todas as coisas que você mal pode esperar para fazer com eles assim que estiverem fortes o suficiente para sair.

Depois que um prematuro atinge suas metas de peso e tamanho, depois que seus órgãos internos se desenvolvem o suficiente, eles são transferidos para o cuidado intermediário. É quando você finalmente pode segurá-los. Terapia peito a peito—contato pele a pele, calor, batimento cardíaco. A conexão mais básica e primitiva entre pai e filho.

Eu passava aquela hora totalmente imerso. Se eu pudesse apenas me segurar naquela sensação. Observando cada movimento minúsculo. Planejando a vida que teríamos assim que eles voltassem para casa.

Você pensaria que isso é óbvio, certo? Uma decisão fácil manter os olhos na estrada. Mas não era.

Certa vez, observei um pai na cadeira ao meu lado. O bebê dele estava em seu colo durante a hora do contato pele a pele. E ele estava no celular assistindo a um jogo de futebol.

Lembro-me de gritar dentro da minha cabeça: "O seu bebê está bem aí! No seu colo. Você só tem uma hora por dia. E está assistindo a um jogo!?"

Não estou julgando a paternidade dele como um todo. Não

conheço sua história completa. Nossos contextos eram obviamente diferentes. Eu era pai de primeira viagem—talvez aquele fosse o terceiro filho dele. Eu lutei com problemas de contagem e motilidade de espermatozoides e, por causa disso, nossa gravidez pareceu durar 5 anos, não os 9 meses padrão. Então, talvez eu estivesse mais agudamente consciente do quão preciosa era aquela hora.

Talvez ele estivesse lidando com o trauma da única maneira que sabia. Talvez assistir àquele jogo fosse o que o impedia de desabar, de sentir todo o peso de ter um filho na UTIN.

Mas eu digo o seguinte: alguns momentos são insubstituíveis.

Alguns tempos valem mais do que outros.

Aquela uma hora com seu filho na UTIN vale mais do que mil horas de qualquer jogo já disputado.

A distração torna tudo igual. Ela trata momentos insubstituíveis da mesma forma que o tempo descartável.

E uma vez que aquela hora se vai, você não pode recuperá-la. Você pode assistir ao replay do jogo. Pode ver os melhores momentos. Pode conferir o placar final.

Aquela hora insubstituível—isso está na sua estrada. Pode ser a parte mais crucial da sua jornada até agora. E se seus olhos não estiverem nela, você acabou de passar direto pelo momento que mais importava. E você não passará por ele novamente.

O Dever de Documentar

Aquele show que você está filmando—há uma grande chance de que ele já esteja sendo registrado por profissionais com equipamentos melhores que o seu.

Olhe ao redor. Há uma equipe de vídeo. Várias câmeras. Áudio profissional. O sábio fala apenas do que sabe—essas pessoas sabem exatamente como capturar este momento. Essa é literalmente a especialidade delas.

E aqui está você, segurando seu telefone, gravando uma versão trêmula e de baixa qualidade de algo que já está sendo documentado profissionalmente por pessoas que realmente sabem o que estão fazendo.

Enquanto isso, você está assistindo ao show através de uma tela em vez de usar os seus olhos. Você está tão ocupado garantindo que está gravando o momento que não está realmente vivenciando-o.

E se você guardasse o telefone e apenas assistisse?

Esteja presente. A equipe de vídeo que está capturando o show busca a energia da plateia. Eles querem mostrar a experiência, a empolgação, a conexão entre a banda e o público. Para quem você acha que eles apontam as câmeras? Para a pessoa com um telefone bloqueando o rosto? Ou para a pessoa totalmente imersa, cantando junto, vivenciando o momento de verdade?

Você pode até acabar sendo aquela pessoa nas filmagens oficiais. O plano principal. O top fan do vídeo. E então *isso realmente acontece* a banda pode entrar em contato com você porque agora você é o famoso top fan da banda na internet.

As pessoas reconhecem você daquele vídeo. A banda convida você para os bastidores no próximo show. Encontro com greet. Sessão de fotos com toda a banda. Itens autografados com uma mensagem pessoal agradecendo por você estar tão envolvido com a música naquela noite. Tudo porque você guardou o telefone e realmente vivenciou o momento em vez de filmar uma versão inferior do que já estava sendo capturado.

Você está tentando preservar a memória filmando-a. Mas você está impedindo que a memória se forme.

Isso é um paradoxo. O ato de documentar interfere na experiência que você está tentando documentar.

Você filma o show para se lembrar de que esteve lá. Mas você não se lembra realmente de estar lá—você se lembra de estar filmando.

Seu Cérebro Precisa de Você Presente

Pense na última vez que alguém te contou uma história enquanto você rolava o feed das redes sociais.

Você consegue se lembrar do que a pessoa disse? Provavelmente não.

Mas talvez você se lembre do post que estava lendo.

Isso não é porque você é um péssimo ouvinte ou um amigo horrível. Seu cérebro só consegue prestar atenção total a uma coisa por vez.

Existem várias hipóteses que sugerem que o cérebro humano não consegue verdadeiramente realizar multitarefas quando se trata de tarefas que exigem atenção consciente e foco. Em vez disso, o que percebemos como multitarefa é, na verdade, alternância de tarefas—onde o cérebro muda rapidamente sua atenção de um lado para o outro entre diferentes atividades. Quando você está rolando a tela, é isso que seu cérebro está codificando. É isso que está sendo salvo como memória.

Quando você está filmando um show no seu telefone, seu cérebro está codificando o ato de filmar—o enquadramento, a tela, se está conseguindo a imagem, mantendo a mão firme. Não a música em si. Não a energia do lugar. Não a experiência de estar lá.

Os momentos em que você está ausente não voltam. Você não pode vivenciar novamente a formatura do seu filho. Não pode ir de novo àquele show. Não pode ter outra hora na UTIN.

Uma vez que se vão, eles se foram.

Então, quando você divide sua atenção entre a apresentação da sua filha e seu e-mail de trabalho, você não está recebendo 50% de cada experiência. Você está recebendo uma versão degradada de ambas. Você não está presente em nenhuma delas.—Mas é importante!

Quem é? Seu trabalho ou sua filha?

Sua Distração Afeta Quem Está ao Redor

Além de filmar ou se distrair do evento presente, você também está distraindo os outros.

Entre em um cinema depois que as luzes se apagam.

Conte as telas de celular brilhando na escuridão. Pessoas checando mensagens. Rolando feeds. Respondendo a textos. Não assistindo ao filme pelo qual pagaram para ver.

Mas não é apenas a experiência delas que estão arruinando.

Aquela tela de celular é uma lanterna em uma sala escura. Ela desvia os olhos de todos da tela do cinema. Quebra a imersão. Ruína o momento para a pessoa ao lado, atrás, na frente.

A distração de uma pessoa não é apenas problema dela. É problema de todos.

A pessoa ao lado delas no cinema não pagou para vê-las rolando o Instagram. Pagou para se perder em uma história. E o brilho do celular a arranca dali.

O mesmo acontece na vida real. Quando você está rolando a tela durante uma conversa, a outra pessoa sabe. Ela consegue sentir. Ela está tentando te dizer algo que importa para ela, e você está sinalizando—sem dizer uma palavra—que o que quer que esteja na sua tela importa mais.

Sua ausência não afeta apenas você. Afeta todos que tentam estar presentes com você.

Seu Filho Está Procurando Por Você

Você vai à apresentação da escola do seu filho. É o dia da formatura e eles prepararam um evento para os pais. O auditório fica lotado. As crianças entram no palco com suas batinas e chapéus, ou suas roupas de apresentação, conforme o caso.

Você encontra um assento. Puxa seu celular para checar um último e-mail de trabalho antes de começar. Então a cerimônia começa e você mantém o celular no colo. Só para o caso de algo urgente chegar. Ou talvez você esteja rolando a tela. Ou talvez esteja com seus AirPods, atendendo a uma chamada de trabalho que não pôde reagendar.

A criança está no palco. Escaneando a multidão. Procurando pelos olhos dos pais.

Eu sei disso porque vi o rosto do meu filho quando ele nos encontra na multidão. A expressão dele muda. Ele está procurando por aquela conexão. Aquele reconhecimento de que estamos assistindo, de que o vemos, de que este momento importa para nós também.

A criança não sabe que você está em uma "importante ligação de trabalho." Elas não entendem que seu chefe precisava de uma resposta imediata ou que você está verificando algo urgente.

Elas apenas sabem que você não as está assistindo.

Elas se lembrarão de que você estava lá—tecnicamente. Fisicamente presente. Na sala.

Mas também se lembrarão de que você não estava realmente lá. De que, quando olharam para você, quando quiseram ver se você as via, sua atenção estava em outro lugar.

Essa é a memória que elas estão criando. Não porque você é um pai terrível. Porque você é humano, e a distração está em toda parte, e nós normalizamos estar ausente enquanto estamos presentes.

Você está no banco do motorista desse relacionamento. Seu filho está observando como você o conduz.

O Conteúdo Já Existe

Não há exame sobre quanto conteúdo você gera.

Ninguém está te dando nota pela qualidade da filmagem do show. Ninguém está avaliando suas fotos de férias. Ninguém está contando quantos momentos você capturou.

O conteúdo que você está tentando desesperadamente criar? Ele já existe. Versões profissionais dele. Versões melhores do que você poderia fazer com seu celular.

O que não existe *o que não pode ser replicado por mais ninguém* é a sua experiência de estar lá.

Sua perspectiva. Sua presença. Sua atenção real no que está acontecendo na sua frente.

Isso é o que é único. Isso é o que é insubstituível.

Não a filmagem. A experiência em si.

E cada momento que você gasta criando conteúdo sobre sua vida é um momento em que você não está realmente vivendo sua vida.

Você está no banco do motorista. Mas, em vez de observar a estrada, você a está filmando.

O Que Você Está Trocando

Não estou dizendo que você nunca pode tirar uma foto. Nunca gravar nada. Nunca compartilhar momentos com pessoas que você ama.

Mas entenda a troca que você está fazendo.

Toda vez que você puxa o telefone para capturar algo, você está trocando a presença pela documentação. A experiência pelo conteúdo. O estar presente por provar que esteve lá.

Às vezes, essa troca faz sentido. Às vezes, você quer a documentação mais do que quer a experiência completa naquele momento.

Mas na maioria das vezes? Não estamos fazendo uma escolha consciente. Estamos optando pela documentação por padrão porque todo mundo está fazendo isso. Porque temos medo de esquecer. Achamos que precisamos de provas.

E acabamos com milhares de fotos que nunca olhamos e memórias que nunca realmente formamos.

O celular no seu colo durante a apresentação do seu filho? Isso não está te dando nada. Está apenas tirando você do momento.

A rolagem do *feed* durante o seu trajeto? Você está assistindo às estradas de outras pessoas em vez de dirigir a sua.

A gravação no show? Você está impedindo a própria memória que está tentando preservar.

Você está trocando momentos insubstituíveis por... o quê, exatamente? Conteúdo que já existe em forma melhor? Provas para pessoas que não estavam lá e que não se importam tanto assim?

Onde Seus Olhos Precisam Estar

A estrada real que você está dirigindo. O momento real em que você está. A vida real que você está vivendo.

Não a estrada de outra pessoa. Não os melhores momentos de outra pessoa. Não a versão filmada profissionalmente que você vai assistir mais tarde em vez de vivenciar agora.

Sua estrada. Agora mesmo. Este momento. Às vezes, a rota panorâmica É o objetivo.

O dia de hoje não é uma contagem regressiva para dias melhores. Hoje é a sua jornada completa. Agora mesmo. Este momento faz parte dos seus 100%.

E se você não estiver presente para ele—se seus olhos estiverem em todos os lugares, exceto na estrada que você está realmente dirigindo—você está perdendo sua própria vida.

Olhe ao redor. Tudo conta. Pequenos gestos importam—inclusive o barista que sorriu para você esta manhã.

As barreiras de proteção ajudam. O Waze na horizontal. O telefone em outro cômodo durante o jantar. A decisão de apenas observar em vez de filmar.

Mas é uma escolha que você faz momento a momento.

Seu filho está no palco procurando por você. Seus olhos estão nele ou na sua tela?

Seu amigo está te contando algo importante. Você está ouvindo ou rolando a tela?

Você está ao volante da sua vida real. Seus olhos estão na sua estrada ou na de outra pessoa?

Não há exame avaliando sua presença. Nenhum placar rastreando sua atenção. Nenhuma avaliação final sobre se você esteve realmente lá para sua própria vida.

Mas você saberá. Nos momentos de silêncio. Nas lembranças que gostaria de ter, mas não tem. Nos momentos em que esteve fisicamente presente, mas que perdeu completamente.

Você está dirigindo esta rota. Ninguém mais pode fazer isso por você. Ninguém mais pode estar presente nos seus momentos. Ninguém mais pode manter os seus olhos na sua estrada.

Esse é o seu trabalho.

Não porque alguém esteja assistindo. Porque é a sua estrada. Sua vida. Sua única chance de realmente estar aqui para vivê-la.

Capítulo 18

SEU TRAJETO ÚNICO

Ninguém na história das estradas dirigiu ou jamais dirigirá exatamente a sua rota.

Isso não é sabedoria de biscoito da sorte. É uma realidade matemática. A combinação específica de onde você começou, quais curvas fez, quais passageiros carregou, de quais paradas precisou, quais desvios tomou—tudo isso é irrepetível.

Mesmo que alguém tentasse replicar sua jornada passo a passo, não conseguiria. Variáveis demais. Tempo diferente. Clima diferente. Uma versão diferente de si mesmos tomando as decisões.

Sua rota é, matematicamente, inteiramente sua.

A Concessionária de Carros Cinco Anos Depois

Imagine uma concessionária. Fileiras de veículos idênticos acabados de sair da linha de montagem. Mesma marca, mesmo modelo, mesmo ano. Alguns indistinguíveis, exceto pela cor da pintura.

Dez pessoas compram o mesmo carro no mesmo dia.

Volte cinco anos depois. Alinhe esses dez carros no estacionamento.

Eles não parecem mais os mesmos.

Um tem 80.000 milhas de estrada, desgaste suave, danos mínimos, manutenção constante. Outro tem 40.000 milhas de cidade, danos de trânsito anda-e-para, freios gastos e estresse por acelerações e desacelerações constantes. Outro tem 100.000 milhas de estradas de terra e passagens de montanha, ferrugem no chassi, reparos na suspensão, marcas de personalidade do terreno.

O mesmo carro. Jornadas completamente diferentes. E cada jornada deixou sua marca.

Dá para ver qual pertencia ao pai ou mãe levando os filhos à escola todas as manhãs. Qual pertencia ao representante de vendas cruzando as rodovias estaduais. Qual pertencia ao aventureiro de fim de semana pegando estradas secundárias através de parques nacionais.

Os carros começaram idênticos. As rotas os tornaram diferentes.

Você pode ter começado de um lugar semelhante ao de outra pessoa—mesma cidade natal, mesma escola, mesmas oportunidades. Mas a rota específica que você dirigiu, as escolhas específicas que fez em cada cruzamento, os passageiros específicos que carregou, o terreno específico pelo qual navegou—tudo isso criou a versão irrepetível de você que existe agora.

Até Gêmeos Divergem

Tomemos novamente o exemplo dos gêmeos idênticos. Geneticamente iguais. Criados na mesma casa, pelos mesmos pais, na mesma cultura, comendo a mesma comida, frequentando as mesmas escolas.

Tão parecidos quanto dois pontos de partida humanos podem ser.

E, ainda assim, acabam sendo pessoas diferentes.

Um se torna artista. Outro se torna engenheiro. Um se muda para o outro lado do país. Outro fica em sua cidade natal. Um se casa cedo. Outro continua solteiro. Um tem filhos. Outro não.

Não apenas personalidades distintas—isso é esperado. Mesmo se vivêssemos em um mundo onde apenas a aparência importasse para as oportunidades, onde pessoas atraentes recebessem todas as ofertas de emprego e entrevistas, gêmeos idênticos ainda não receberiam as mesmas oportunidades. Mesmo rosto, mas um entra no escritório no dia em que estão contratando. O outro entra uma semana depois, quando a vaga já foi preenchida. Um é notado por um recrutador em uma cafeteria. O outro estava em casa naquele dia. Mesma aparência, tempos diferentes, resultados completamente diferentes.

Por quê? Porque embora tenham começado no mesmo lugar, eles não dirigiram a mesma rota.

Talvez um tenha ficado doente na infância e passado meses no hospital—isso mudou tudo sobre como ele vê a saúde, o risco, a mortalidade. Talvez um tenha tido um professor que despertou algo nele. Talvez um tenha feito um amigo que o puxou em uma direção diferente. Talvez um tenha escolhido a esquerda em um cruzamento onde o outro escolheu a direita, e essa única curva gerou cascatas em décadas completamente diferentes.

Se gêmeos idênticos não conseguem replicar a rota um do outro, que chance qualquer outra pessoa tem de replicar a sua?

Seu Histórico é Irrepetível

Você não apenas começou de um lugar. Você começou de um momento específico no tempo, com circunstâncias específicas, com pessoas específicas ao seu redor, com uma versão específica do mundo que não existe mais.

A realidade econômica em que você entrou. A tecnologia disponível. Os valores culturais que sua geração absorveu. As oportunidades que existiam ou não existiam. A dinâmica familiar específica pela qual você navegou. A sequência exata de experiências que moldaram como você processa todo o resto.

Alguém nascido dez anos antes de você? Mundo diferente. Regras diferentes. Premissas básicas diferentes sobre o que é possível.

Alguém nascido dez anos depois de você? Também diferente. Tecnologias que você teve que aprender, eles já nasceram nelas. Seus medos e lutas, alguns eles sequer entendem. Vantagens que eles têm, às quais você nunca teve acesso.

Mesmo alguém nascido no mesmo ano que você, na mesma cidade, vindo de uma origem semelhante, ainda assim não teve seus pais. Seus irmãos. Seus professores. Seus encontros aleatórios. Sua sequência específica de falhas e sucessos que lhe ensinou o que você sabe agora.

Seu ponto de partida foi único. Sua rota ao longo dos anos tem sido única. E a versão de você que resultou de tudo isso? Também única.

Nem melhor, nem pior. Apenas irrepetível.

Estilos de Navegação Fazem Parte Disso

E não se trata apenas das circunstâncias externas. É como VOCÊ navega por elas.

Algumas pessoas dirigem defensivamente, sempre antecipando problemas, planejando três jogadas à frente, protegendo-se contra o pior cenário. Algumas pessoas dirigem intuitivamente, decidindo no momento, confiando em seus instintos, adaptando-se conforme avançam. Algumas dirigem impiedosamente, tentando dominar a estrada, agindo até com raiva. Algumas pessoas dirigem analiticamente, pesquisando cada rota, otimizando a eficiência, calculando as compensações.

Nenhum desses estilos é errado. São apenas formas diferentes de se mover pela vida. E o seu estilo é parte do que torna sua rota irrepetível.

Mesmo que outra pessoa enfrentasse exatamente o mesmo cruzamento que você enfrentou, ela não o navegaria da mesma forma que você. Porque ela não é você. Ela não tem sua combinação específica de cautela e coragem, lógica e emoção, planejamento e espontaneidade.

Sua rota não é apenas POR ONDE você dirigiu. É COMO você a dirigiu.

Olhe para aqueles dez carros da concessionária. Cada um precisou de um cronograma de manutenção diferente. Estilos de direção diferentes. Rotas diferentes que correspondiam ao seu uso. O que funcionou para o carro de rodovia destruiria o carro de trilhas de montanha. O que funcionou para o carro da cidade não serviria para o carro de viagens transcontinentais.

Sua rota é específica. Suas circunstâncias são específicas. Seu estilo de navegação é específico.

O que funcionou para outra pessoa pode falhar completamente na sua.

Isso não significa que você fez algo errado. Significa que a rota deles não era a sua.

Você é o Padrão para a Sua Jornada

E porque sua rota é única, VOCÊ é o único padrão válido para a SUA jornada.

Não porque o seu jeito seja melhor que o de todos os outros. Mas porque ninguém mais teve o seu conjunto exato de escolhas. Eles não enfrentaram o seu terreno específico. Não navegaram com o seu clima específico. Não começaram da sua localização específica nem carregaram seus passageiros específicos.

Quando você compara o seu progresso com o de outra pessoa, está comparando medidas incompatíveis. Eles estão medindo milhas percorridas em terrenos completamente diferentes. A leitura do odômetro deles não tem nada a ver com a sua. É como comparar sua rota no deserto com a rodovia costeira deles—mesma distância percorrida, experiências completamente únicas, desafios completamente únicos.

Você pode aprender com eles. Pode se inspirar neles. Pode adaptar princípios do estilo de navegação deles.

Mas você não pode usar a rota deles como prova de que a sua está errada.

Eles não estavam dirigindo o SEU carro, nas SUAS estradas, com os SEUS passageiros, enfrentando o SEU clima, tomando as SUAS decisões.

Você é a única pessoa que teve a sua rota. O que significa que você é a única medida válida para saber se está navegando bem por ela.

Não se Pode Viver Plenamente Dirigindo a Rota de Outra Pessoa

Quando você tenta seguir a rota de outra pessoa em vez da sua, quando mede sua jornada pela deles ou força sua rota para se adequar à deles, eis o que acontece:

Você se estressa por não estar onde eles estavam na sua idade. Eu sei—é difícil parar de comparar. Você se sente atrasado. Sente que está falhando porque seu odômetro não bate com o deles. Mas você não está atrasado. Você está em uma rota inteiramente diferente, medindo seu progresso em relação a alguém que partiu de um lugar diferente, enfrentou um terreno diferente e estava indo para outro lugar. O cronograma deles não tem nada a ver com o seu.

Você tenta forçar suas circunstâncias para que correspondam às deles. Faz escolhas que não se encaixam na sua situação real porque—foi o que eles fizeram, e funcionou para eles—. Você aceita um emprego que odeia porque é a trajetória de carreira *correta*. Você compra coisas que não pode pagar porque é assim que o sucesso deveria ser. Você se empurra para situações que parecem erradas porque a rota deles diz que é lá que você deveria estar agora.

Mas forçar o mapa deles no seu terreno não funciona. Você acaba apenas estressado, exausto, sofrendo e, ainda assim, longe de onde pensou que estaria.

Você ignora o que realmente importa para VOCÊ porque está ocupado demais tentando alcançar o que importava para ELES. Passa anos subindo uma escada que está encostada no prédio errado. Você otimiza para resultados que parecem impressionantes no mapa da rota de outra pessoa, mas que parecem completamente vazios na sua. E acaba vivendo uma vida que sai bem nas fotos, mas que não parece pertencer a você.

Você não pode viver plenamente enquanto tenta dirigir a rota de outra pessoa. A rota deles não foi projetada para o seu veículo, seu terreno, seu destino, seu estilo. Foi projetada para os deles. E nenhum esforço fará com que a rota deles se ajuste à sua jornada.

Dirija a SUA rota. Este é o caminho—o SEU caminho. Com todas as suas curvas únicas, circunstâncias específicas e combinações irrepetíveis.

Isso não é se contentar com pouco. Não é desistir.

Sua rota é sua. E tentar navegar a de outra pessoa não o levará a lugar algum significativo.

A Totalidade Importa

Sua perspectiva é única. Suas memórias pertencem apenas a você. Seu contexto molda tudo o que você experimenta.

Mas a razão pela qual sua rota é única vai além de qualquer elemento isolado.

É a TOTALIDADE da sua jornada. A forma como tudo se soma.

Não apenas um elemento. A combinação inteira. A forma como cada coisa interage com as outras para criar a versão específica da vida que você está vivendo agora.

Sua origem moldou sua perspectiva. Sua perspectiva influenciou suas escolhas. Suas escolhas criaram suas circunstâncias. Suas circunstâncias moldaram seu próximo conjunto de escolhas. Tudo isso se acumulando, sobrepondo-se, criando algo que só poderia ter acontecido exatamente desta forma.

É por isso que tentar replicar a jornada de outra pessoa não funciona. Vocês não são clones. Você não pode copiar a rota de alguém e esperar os mesmos resultados. Pode copiar escolhas individuais, mas não pode copiar toda a rede de fatores que fez aquelas escolhas terem sentido para eles. O histórico deles, a perspectiva, as circunstâncias, o tempo, tudo interage de formas que não se transferem para a sua situação.

Você está Pronto

Você está na estrada há dezessete trechos agora. Aprendeu coisas. Desaprendeu outras. Viu como a rodovia funciona, como outros motoristas navegam por suas rotas, como as regras nos impedem de colidir uns com os outros.

Você olhou pelo espelho retrovisor para ver de onde veio. Reconheceu a programação que herdou. Entendeu que a comparação é inútil e que a competição não funciona para você.

Viu que as outras pessoas não são figurantes. Que hoje é 100% da sua vida, não uma contagem regressiva para algo melhor. Que seus olhos precisam estar na SUA estrada, não na de todo mundo.

E agora você entende por que tudo isso importa: porque sua rota é, matematicamente, inteiramente sua.

Ninguém mais pode dirigi-la por você. Ninguém mais pode dizer se você está fazendo certo ou errado. Ninguém mais teve o seu ponto de partida exato, suas circunstâncias exatas, sua sequência exata de decisões.

O que significa que ninguém mais pode dar nota para a sua jornada.

E, mais importante, você pode parar de procurar por essa nota. Pare de se perguntar se está à altura. Pare de buscar validação de que está fazendo *corretamente*. Não existe um placar externo. Não há nenhum juiz revisando sua rota e decidindo se ela é boa o suficiente. A rota de ninguém mais prova que a sua é insuficiente. A leitura do odômetro de ninguém mais torna a sua menos válida.

Sua rota é sua.

Aprendendo com o terreno. Entendendo quais passageiros carregar. Reconhecendo quando seu ritmo precisa mudar.

Não porque alguém lhe ensinou a maneira *certa* de fazer essas coisas. Mas porque você aprendeu fazendo-as.

Você não está esperando que outra pessoa lhe dê permissão para dirigir sua vida. Dirija.

Você já está dirigindo. O impulso para estar presente é forte. Entregue-se a ele. Deixe que ele o acompanhe.

E agora você entende por que sua rota específica, com todas as suas curvas únicas e combinações irrepetíveis, é a única rota que poderia ter trazido você até aqui.

Não há um exame avaliando se você escolheu a rota *correta* comparada à de todos os outros.

Existe apenas a sua rota. Sua jornada não pode ser medida em relação à de mais ninguém porque as circunstâncias são incomparáveis.

E você está pronto para continuar dirigindo por ela.

TERCEIRO PIT STOP

Você acaba de percorrer o melhor trecho da estrada até agora.

A Parte Seis não era mais sobre desaprender, examinar ou compreender. Essa parte foi sobre viver de fato.

O dia de hoje não é uma contagem regressiva—é 100% da sua vida. Seus olhos precisam estar na sua própria estrada, não na de todo mundo. E a sua rota é exclusivamente sua. Não como inspiração. Como um fato.

Então encoste mais uma vez. Última parada antes do trecho final.

Veja como você está dirigindo de forma diferente em comparação a quando saiu do seu bairro. Você não está correndo contra ninguém. Não está comparando seu odômetro com o de mais ninguém. Não está tentando vencer uma competição que nunca existiu.

Você desaprendeu a programação da sua cidade natal. Reconheceu que as outras pessoas não são obstáculos nem NPCs—são viajantes em suas próprias rotas. Você entendeu que a jornada em si É a vida que você está vivendo, não uma preparação para outra coisa.

E agora você está pronto para algo que talvez não esperasse quando começamos esta viagem.

A Parte Sete difere de tudo o que veio antes. As partes anteriores foram sobre enxergar com clareza—entender como as coisas realmente funcionam, reconhecer o que você tem carregado, validar por que a sua rota é sua.

Esta última parte? É sobre o que você faz com essa clareza.

Sem instruções. Sem lista de tarefas. Nada de "aqui estão os 5 passos para viver sem um exame."

Apenas algumas observações sobre como é, na prática, dirigir sua própria rota quando você para de esperar por permissão. Quando para de se medir em relação a todos os outros. Quando assume total responsabilidade pelo volante que esteve em suas mãos o tempo todo.

Você está dirigindo há dezoito capítulos. Já sabe como isso funciona.

Estes últimos capítulos são sobre dirigir com intenção. Com autonomia. Entendendo que este trajeto *esta rota, esta jornada, esta vida* é completa e inteiramente sua para navegar.

Pronto para o último trecho? Eu estou.

Vamos terminar esta viagem.

ASSUMINDO O VOLANTE

Assumindo o controle gradualmente.

Capítulo 19

SUPERANDO O SEU PRÓPRIO ODÔMETRO

Neste trecho aberto da rodovia, algo muda.

Você não está checando o retrovisor para ver quem vem atrás. Não está observando os carros à frente tentando alcançá-los. Você está olhando para o seu próprio painel. Seu próprio odômetro. Seu próprio medidor mostrando o quão longe você chegou.

Mesma rodovia. Pergunta diferente. Nada de "Já estamos chegando?" Nem "Estou na frente deles?" mas sim: "Até onde posso levar isso?"

A Parte Sete começa aqui. Tudo o que veio antes era sobre ver com clareza—entender a rodovia, reconhecer o que você tem carregado, observar como os outros motoristas navegam em suas próprias rotas. Você fez esse trabalho. Você parou em áreas de descanso, examinou seu porta-malas, deixou algumas coisas para trás.

Agora vem a parte em que você realmente dirige do seu jeito.

Não porque alguém esteja dando nota ao seu desempenho. Não porque você precise provar que é melhor que o carro ao lado. Mas porque você quer ver do que seu carro é capaz. Até onde você pode se desafiar. Do que você é realmente capaz quando para de se medir em relação a todos os outros e começa a se medir em relação à sua própria base de referência.

Não se trata de corrida. Trata-se de alcance.

A Montanha Que Você Escala

As pessoas dizem: "Eu conquistei a montanha."

Não, você não conquistou. A montanha continua lá. Ela não se rendeu. Ela não perdeu. Ela estará lá muito tempo depois de você ter partido, exatamente com a mesma altura, completamente indiferente ao fato de você ter alcançado o topo ou não.

O que você conquistou foi a si mesmo. Sua dúvida. Seu medo. Os sinais do seu corpo dizendo para parar. A voz na sua cabeça dizendo: "Isso já está bom, podemos voltar agora?"

A montanha era apenas o terreno. Você era o adversário.

A mesma coisa acontece com a sua rota. Você não está tentando vencer os outros motoristas. Você está tentando vencer a sua versão de ontem. A única competição é com o você de ontem. Aquele que dirigiu 1.000 milhas no total. Hoje você está em 1.050. Cinquenta milhas além de onde jamais esteve. Essa é a competição que realmente importa.

Toda vez que você ultrapassa o ponto onde estava ontem, está competindo contra seu próprio padrão anterior. Não o de outra pessoa. O seu. Ontem foi bom. Hoje pode ser ainda melhor.

E isso difere daquela competição que você desaprendeu na área de descanso: esta competição te torna melhor em vez de te tornar amargurado.

Até Onde Você Pode Ir

A pergunta não é "Quanto tempo isso vai levar?" A pergunta é: "Até onde eu consigo realmente ir?"

John C. Maxwell explica isso de forma incrível em seu livro *Leadershift*, ao falar sobre a mudança de foco de metas para o crescimento:

> Ao fazer essa transição, em vez de me preocupar com quanto tempo algo poderia levar, comecei a perguntar: Até onde posso ir? Em vez de pensar no que eu estava recebendo e quanto tinha de pagar para conse-

guir, comecei a pensar em quem eu estava me tornando e no impacto que poderia causar por causa disso. Reconheci que estava em uma jornada de crescimento.[1]

Não é correr contra o relógio. Não é correr contra outros motoristas. É apenas ver do que seu carro é capaz. Do que você é capaz. O que acontece quando você para de comparar sua rota com a de todo mundo e começa a se perguntar: "O que posso fazer melhor do que fiz ontem?"

Talvez ontem você tenha dirigido com paciência. Hoje você dirigiu com paciência E deixou três carros entrarem na pista sem ficar frustrado. Progresso.

Talvez ontem você tenha estado presente durante o jantar com sua família. Hoje você esteve presente E deixou o celular em outro cômodo. Progresso.

Talvez ontem você tenha trabalhado em seu projeto por uma hora. Hoje você trabalhou por uma hora E persistiu além do ponto onde costuma desistir. Progresso.

Nada disso exigiu vencer ninguém. Nada disso exigiu um ranking. Nada disso precisou de validação externa. Você não precisa mirar *na lua* para progredir.

Você só precisava saber: como posso ir mais longe do que fui ontem?

Isso é competir contra si mesmo. Seu eu do passado está te desafiando: "Alcance-me se for capaz."

Campeonatos Não São Metas

Imagine que você joga tênis desde jovem. De forma recreativa, não profissional, mas você gosta. Você é bom nisso. Mas agora quer elevar o nível. Você se inscreveu em um torneio semiprofissional—algo que sempre quis tentar.

Então você treina. Todo dia depois do trabalho, você está na quadra. Em alguns dias fica até tarde para praticar seu voleio. Em outros, trabalha no seu saque até o ombro doer. Você está fazendo tudo o que pode porque quer ganhar aquele troféu.

Só que o campeonato não depende inteiramente de você.

Uma marcação errada do árbitro de cadeira pode arruinar sua partida. Seu oponente pode simplesmente ter um desempenho superior—ele não é um personagem figurante na sua história: ele treinou tanto quanto você, trabalhou tanto quanto você, igual a você. Ou o contrário, talvez você vença porque seu oponente cometeu dois erros grandes e inconcebíveis. Não porque você jogou melhor que ele, mas porque sua vitória é relativa ao desempenho dele naquele dia específico.

Você pode controlar seu treinamento. Você pode controlar seu esforço. Você pode controlar se comparece e dá tudo de si.

Você não pode controlar o resultado.

O campeonato não é o objetivo. É uma consequência.

Até as equipes esportivas profissionais entendem isso. Mas os fãs exigem troféus. Querem garantias. Os treinadores sabem que não podem prometer isso—sabem que variáveis demais estão fora de seu controle—, mas mesmo sabendo disso, precisam se colocar diante das câmeras e declarar que seu único objetivo é claramente o troféu. É isso que vende ingressos. É isso que mantém os fãs engajados. É isso que lhes dá esperança.

Mas a portas fechadas? O foco é diferente. Eles podem controlar apenas o que podem controlar. Se todos na equipe fizerem o que devem fazer, se executarem os fundamentos, se jogarem bem o suficiente—as vitórias começarão a aparecer. Não como algo que eles forçaram a existir. Mas como algo que aconteceu porque fizeram bem a sua parte.

Seus *campeonatos* podem acontecer por causa do trabalho. Ou podem não acontecer, porque centenas de variáveis fora do seu controle também estão em jogo.

Mas de qualquer forma, você se tornou alguém mais forte, mais capaz, sábio e experiente do que era quando começou. A recompensa externa é uma consequência. O crescimento interno é registrado no seu odômetro.

O Melhor do Mundo

Digamos que você encontrou a sua vocação. Talvez seja marcenaria. Talvez seja programação. Talvez seja fotografia. Você ama isso, é bom nisso e quer continuar melhorando.

Então, naturalmente, você pensa: "Vou ser o melhor nisso. O maior do mundo."

Mas lembre-se lá no Capítulo 6, quando falamos sobre o que aconteceria se todos desaparecessem. Se todos os que são melhores que você sumissem de repente, você seria *o maior*... e isso não significaria nada. O título seria vazio.

Porque *ser o melhor do mundo* é um alvo móvel que você não pode controlar. Depende de quem aparece, do que trazem consigo e das vantagens que eles têm e você não. Você está se medindo em relação a pessoas cujas circunstâncias, recursos e pontos de partida diferem completamente dos seus.

Mas o você de ontem? Esse é um ponto fixo. Você sabe exatamente onde estava. Sabe exatamente do que era capaz. Você tem dados completos sobre seu desempenho anterior.

Seu objetivo deve ser ser maior do que a sua versão do dia anterior. Só isso.

O Rótulo de Idade Que Você Não Precisa

Digamos que você chegue aos 40 anos. Bem-vindo ao quarto andar. Agora você está *na metade da vida*, na *meia-idade*, já *passou do auge, não é mais jovem*.

Mas agora você sabe que está nos seus 100%. Você sabe que o rótulo de *velho* é relativo. Coloque-se em Okinawa, no Japão, cercado por pessoas na casa dos 90 anos. Você se sente velho aos 40? Claro que não. Você se sentirá jovem perto deles.

Então, se o sentimento é relativo—se muda dependendo de quem está por perto—, por que você está se rotulando como se fosse algo absoluto?

A programação para se sentir velho em certas idades é apenas isso:

programação. Algo que você aprendeu. Algo que sua cultura te ensinou. Não é a realidade.

Você não é velho. Não é jovem. Você está apenas na quilometragem em que está. E amanhã você terá mais milhas. E no dia seguinte, mais ainda.

E se precisar de um rótulo, aqui está: você é jovem.

Sempre haverá um grupo mais velho do que você no planeta. Você só está no lugar errado para a comparação.

A Vida é Como uma Música

Nosso objetivo deve ser aproveitar a vida enquanto ela está tocando, não chegar ao fim.

Pense em ouvir uma música que você ama. Você não fica sentado pensando: "Mal posso esperar para ouvir o acorde final desta música." Você não mede o valor dela pelo fato de ela chegar ao fim. Você a vivencia. Deixa-a se desenrolar. Aprecia cada compasso à medida que ele vem.

O objetivo da música não é a última nota. O objetivo é a melodia, o ritmo, a maneira como ela faz você se sentir enquanto toca.

O mesmo vale para a sua rota. O objetivo não é acumular o máximo de realizações possível antes de chegar ao fim. O objetivo não é apressar sua vida marcando itens em uma lista—*custe o que custar*—para dizer que fez tudo antes de a música parar.

O objetivo é dirigir de uma forma que faça a jornada valer a pena.

Competir contra si mesmo significa tornar cada trecho da rodovia melhor que o anterior. Mais intencional. Mais presente. Mais alinhado com quem você realmente quer ser atrás do volante.

Não é correr para o fim. É apenas dirigir melhor do que dirigiu ontem, e fazer paradas quando quiser, mesmo que os outros não tenham parado.

Você Precisa ou Você Quer o Carro Caro?

Percebemos pessoas comprando produtos caros o tempo todo. Às vezes para comprar status, para obter validação. Mas às vezes a razão não é essa—e quer saber? Isso é perfeitamente válido!

Você está dirigindo por esta rodovia agora. Olha para o seu painel, para o seu volante, e se lembra do seu sonho de infância de um dia dirigir o carro especial que queria quando criança. É caro.

Mas ei, agora você PODE pagar por ele. Faz sentido na sua vida. A compra não o colocará em dificuldades financeiras. Sua família apoia— faça isso.

Vá em frente. Mime-se.

Esta é a sua vida.

Não para se exibir. Não para ganhar admiração. Não para provar nada a ninguém. Compre porque você quer. Porque te faz feliz. Porque faz parte da sua rota.

O carro não definirá você. Você já se definiu em seu galho atual da árvore. Você não precisa de um carro para ser valioso, importante ou bem-sucedido. Essas coisas já são verdadeiras sobre você, ou não são, independentemente do que você dirija.

Mas se aquele carro te traz alegria? Se dirigi-lo torna seu trajeto melhor? Se você trabalhou duro e isso é algo que queria para si mesmo? Isso já é motivo suficiente.

Isso também é competir contra si mesmo. Não contra a versão de você que comprava coisas para a aprovação dos outros. Mas contra a versão de você que sabe o que realmente quer e vai atrás disso.

Seus destinos são seus. Suas metas são suas. Sua definição de *melhor* é sua.

O carro é apenas um exemplo. Isso se aplica a tudo o que você sempre quis fazer com sua vida. Mas também ao que você não quer.

Removendo o Que Você Realmente Não Quer

Mo Gawdat, em seu livro *Solve For Happy*, coloca de forma clara:

> A felicidade é a ausência da infelicidade. É o nosso estado de repouso quando nada obscurece a imagem ou causa interferência. A felicidade é o *seu* estado padrão.[2]

Você não está tentando adicionar coisas para se tornar feliz. Você já é feliz. Esse é o seu padrão. Você não precisa realizar coisas para ser feliz. Não precisa adicionar marcos, conquistas ou validações. Você precisa remover as coisas que estão te deixando infeliz agora para poder retornar ao seu estado padrão.

Eu te contei sobre a coleção de Air Jordans—os lances às 4 da manhã, os 34 pares, o prazo imaginário. Mas não te contei por que eu fazia aquilo. Eu não estava colecionando porque amava cada par. Estava colecionando para mostrar a todo mundo. Para provar algo.

Eu achava que ser o primeiro da fila a comprar o próximo lançamento me faria feliz. O melhor colecionador.

Eu não estava colecionando—estava roubando minha própria felicidade.

A mesma coisa com colecionáveis de Star Wars. Sabres de luz, capacetes, toneladas deles. Não porque eu amasse cada um, mas porque tinha esse impulso de ter todos.

Agora? Vendi a maioria. Fiquei apenas com os que amo—não os que todos amam e que, por CAUSA DISSO, eu os adquiri no passado. Os que eu realmente amo.

Não adicionei nada para me tornar feliz. Removi o impulso de adquirir, a necessidade de ter *mais*, a pressão para acompanhar o que todo mundo estava colecionando.

E aqui está o pensamento maior que removi: eu achava que havia um exame acontecendo. Então queria mostrar a todo mundo e agradar a todos sempre. Isso me deixava estressado e infeliz. Eu estava em um modo de validação constante. Agora, estou tentando ao máximo não ter mais medo.

Aprendi a dizer não. Aprendi que o que eu alcanço é para mim, não para outros compararem ou me validarem.

É isso que competir contra si mesmo realmente significa. Não—quanto posso acumular para impressionar os outros? *mas* o que eu realmente quero para mim?—

Suas conquistas não precisam de validação externa. Seu progresso não precisa da aprovação de outras pessoas. Você não tem nada a temer. Você não está correndo para provar nada a ninguém que esteja assistindo.

Você está superando seu próprio odômetro. E, às vezes, isso significa remover coisas, não adicioná-las. Às vezes, tornar-se melhor do que o seu eu de ontem significa desapegar do que o seu eu de ontem achava que importava.

O carro caro? Compre se VOCÊ quiser. A coleção? Guarde o que VOCÊ ama. A meta? Persiga-a porque VOCÊ a escolheu.

Não porque haja um placar rastreando seu desempenho. Não porque alguém esteja dando nota às suas escolhas. Não porque você precise provar que é melhor do que a versão de você que as outras pessoas esperavam.

Apenas porque você decidiu que isso é o que importa na sua rota.

Sem correr contra ninguém. Sem provar nada. Apenas vendo o quão longe você pode realmente ir quando para de comparar e começa a competir com a única pessoa cujo desempenho você pode realmente medir: o você de ontem.

Não existe um exame avaliando se você venceu todo mundo.

Existe apenas o seu odômetro, o número de ontem e a pergunta de hoje: quão longe eu consigo ir?

Capítulo 20

SUAS MÃOS NO SEU VOLANTE

Talvez você já tenha percebido uma coisa a esta altura: a rodovia tem muitos elementos sobre os quais você não pode fazer absolutamente nada.

Você não pode controlar o clima. Não pode controlar as zonas de obras. Não pode controlar se o motorista à sua frente pisa no freio de repente sem motivo algum. Você não tem controle sobre o tráfego, acidentes, interdições de vias ou o fato de que todo mundo resolveu entrar na rodovia exatamente no mesmo momento que você.

Mas você pode controlar o seu volante.

Isso não é pouca coisa. Isso é tudo.

A Realidade do Volante

Você controla para onde aponta o seu carro. Como reage quando alguém lhe dá uma fechada. Se acelera, desacelera ou muda de faixa. Suas mãos, seus pés, sua atenção, suas decisões.

A rodovia não se importa com o que você quer. Os outros motoristas não estão em sintonia com você. As condições não esperam pela sua aprovação.

Mas o seu volante? Esse é seu.

E é aí que sua energia deve estar—naquilo que você pode realmente influenciar, não no que você gostaria de poder controlar, mas jamais conseguirá.

Imagine que você está dirigindo por um trecho em obras. Duas faixas se tornam uma. O trânsito fica a passo de tartaruga. Você vai se atrasar.

O que você pode controlar?

Você não pode controlar a existência da obra. Não pode controlar o fato de que todos os outros também estão presos nesse afunilamento. Não pode controlar a velocidade do carro à sua frente.

Mas você pode controlar se vai ficar frustrado ou se vai aceitar a situação. Se vai buzinar agressivamente ou deixar alguém entrar na sua frente. Se vai piorar a situação andando colado no para-choque alheio e dirigindo sob estresse, ou se vai simplesmente atravessar o trecho.

A mesma zona de obras. O mesmo trânsito. Experiências completamente diferentes baseadas no que você escolheu controlar.

Permitindo a Mudança, Não a Forçando

A mudança acontece, esteja você pronto ou não.

Seu corpo envelhece. Sua área de atuação evolui. Sua cidade se transforma. Seus relacionamentos mudam. A tecnologia avança. Suas prioridades se realinham.

Você não pode impedir nada disso. Não pode congelar o tempo em um momento em que tudo parecia perfeito. Não pode forçar as coisas a permanecerem como eram só porque você gostava delas daquele jeito.

A mudança não pede permissão. Ela não espera pelo seu aval. Ela simplesmente acontece.

Isso é maturidade. Reconhecer que você não controla se a mudança ocorre. Você só controla se a permite ou se resiste a ela.

Resistir à mudança não a interrompe. Só faz com que você se sinta miserável enquanto ela acontece de qualquer maneira. Você gasta sua energia lutando contra algo inevitável, tentando se agarrar a uma versão da realidade que já se foi.

Permitir a mudança não significa que você está desistindo. Significa que está reconhecendo o que realmente está sob seu controle.

Se você tem filhos, não pode controlar que eles se tornarão adolescentes com opiniões e prioridades próprias. Mas pode controlar se vai lutar contra quem eles estão se tornando ou se vai abrir espaço para que cresçam.

Você não pode controlar que sua empresa está passando por uma reestruturação. Mas pode controlar se gasta sua energia resistindo a isso ou se adaptando à nova realidade.

Você não pode controlar que seu bairro agora está diferente de como era dez anos atrás. Mas pode controlar se vai guardar amargura pelo que passou ou se vai encontrar valor no que existe aqui agora.

Você não cria a mudança. Você não a força. Você a permite.

Esse é o seu volante diante da mudança. Você controla sua resposta, sua adaptação, se aceita o que é inevitável ou se desperdiça energia tentando impedir o que virá.

Mudanças vão acontecer. A rodovia terá zonas de obras, desvios, novas rotas. Você não controla isso.

Mas você controla como navega por elas.

O Registro do Hospital

Certa vez, minha esposa foi hospitalizada em um estado muito delicado.

É difícil ver o amor da sua vida preso a uma cama, sentindo uma dor que você não pode tirar. Tudo em você quer fazer algo. Consertar. Fazer parar.

Eu poderia ter perdido a cabeça. Facilmente. Sentar naquela cadeira e entrar em uma espiral de piores cenários. Começar a chorar por dentro, pensando no que poderia acontecer.

Mas não fiz isso. Porque nada disso a ajudaria.

Eu não sou médico. Não posso diagnosticar. Não posso prescrever. Não posso controlar se o especialista certo está de plantão, se as enfermeiras percebem cada sinal, se o médico preso no trânsito chega a tempo.

Mas eu posso registrar.

Comecei a documentar. Cada medição de pressão arterial. Cada vez que um monitor apitava. Cada sinal, cada número, registrado com hora no meu celular. Não porque eu soubesse o que aquilo significava—mas porque, quando o médico chegasse, eu poderia entregar um quadro completo. "Aqui está tudo o que aconteceu nas últimas quatro horas."

Eu não podia controlar a saúde dela. Não podia controlar o hospital. Mas podia ser complementar às pessoas que podiam.

Essa é a virada de chave. Você para de tentar controlar coisas fora do seu alcance e começa a perguntar: do que sou realmente capaz de fazer agora? Qual é o volante que posso segurar?

Minha esposa precisava de mim presente, não em pânico. Os médicos precisavam de dados, não de interferência. E eu precisava de algo para fazer com todo aquele medo, além de deixar que ele me consumisse.

Então, eu registrei. Minuto a minuto. Esse era o meu volante. E isso ajudou os médicos.

Então, vamos observar como isso se aplica na sua vida real. Onde o volante está, de fato, em suas mãos. Onde você decide em que focar sua energia.

No Trabalho

Muitas pessoas trabalham com medo.

Medo de serem demitidas. Medo de não serem boas o suficiente. Medo de perderem seus empregos se cometerem um erro ou não tiverem um desempenho perfeito.

Mas é assim que eu vejo: a empresa está investindo em mim.

Eles estão me dando um cargo, um salário, uma oportunidade de crescer e fazer parte de algo maior. E eu vou tirar vantagem desse investimento. Não de forma egoísta—mas de forma inteligente. Vou aprender. Vou crescer profissionalmente em um ritmo que nunca alcançaria sozinho, sem uma empresa me apoiando.

Se amanhã fosse meu último dia, eu gostaria de aproveitar ao máximo o dia de hoje. Quero inspirar meus colegas. Quero expandir limites criativos. Quero focar no meu crescimento, o que consequentemente beneficia a empresa.

Essa ordem tem uma razão. Não estou focando no crescimento da empresa (isso é relativo). Estou focando no meu crescimento (meu objetivo), o que ajuda a empresa (como consequência). Esses parênteses parecem familiares?

Isso é o que eu posso controlar. Meu esforço. Meu aprendizado. Minha contribuição. Minha atitude. Sou um homem de palavra—e minha palavra é focar no que posso controlar.

Eu não posso controlar se a empresa decide me desligar ou não. Não posso controlar as condições do mercado, demissões em massa, reestruturações ou cortes de orçamento. Não posso controlar se meu gestor gosta de mim ou se meu projeto recebe financiamento.

Mas posso controlar se eu apareço e entrego um trabalho do qual me orgulho. Se aproveito os recursos que estão me dando. Se me torno alguém mais capaz do que era ontem. Hoje eu estou a 100% do meu tempo de casa.

Esse é o meu volante no trabalho. Todo o resto são condições de tráfego.

As Pessoas que Você Escolhe

Você não pode controlar como seus amigos reagem a você.

Se eles gostam de você. Se estarão lá quando você precisar. Mas você pode controlar com quem compartilha as coisas.

Para quem conta seus segredos. A quem pede conselhos. Quem convida para suas experiências. Em quem confia as partes de si mesmo que importam.

Você está escolhendo seus passageiros. E isso é fundamental.

Por quê? Porque talvez você tenha um amigo que é ótimo para dar risada, mas terrível para conversas sérias. Você não pode controlar o comportamento dele—é apenas quem ele é (e ele não é um NPC). Mas você pode controlar se tenta ter conversas profundas e vulneráveis com ele para depois se sentir ferido quando ele não corresponder da forma que você precisava.

Talvez você tenha um amigo que é incrível dando conselhos práticos, mas péssimo em apoio emocional. Você não pode mudar isso. Mas pode controlar se recorre a ele quando precisa de um abraço ou quando precisa de ajuda para resolver um problema.

Você não está controlando as reações deles. Está controlando quem tem acesso a quais partes da sua jornada. Você decide quem vai no banco do carona e quem é convidado para viagens específicas.

O mesmo se aplica a relacionamentos românticos.

Você não pode fazer alguém se apaixonar por você. Não pode forçar o objeto do seu afeto a gostar de você de volta. Não pode manipular alguém para que deseje estar com você. Não dá para forçar esse tipo de conexão. Você não pode pressionar alguém para um relacionamento só porque organizou um grande pedido de casamento público que deixa a pessoa em uma situação delicada diante de uma multidão, fazendo-a sentir que tem que dizer sim porque todos estão assistindo.

Isso não é amor. Você nem sequer está pensando nos sentimentos da pessoa.

E você não pode dirigir ou controlar os sentimentos de ninguém. Nunca poderá.

Mas você pode controlar como se apresenta. Se é transparente. Se se comunica honestamente. Se mostra as melhores partes de si mesmo —não uma versão falsa, não uma atuação, apenas o seu eu genuíno, sem fingir ser quem não é.

Se você está em um relacionamento, pode controlar como cuida do seu parceiro ou parceira. Como faz com que se sintam vistos, ouvidos, compreendidos. Como os incentiva. Como os apoia.

Você não pode controlar como reagirão. Se haverá reciprocidade. Se ficarão ou se partirão.

Mas você pode controlar o tipo de parceiro que você é. O tipo de energia que traz. O tipo de atenção que dedica.

Esse é o seu volante com as pessoas que você escolhe. Pilote bem, mas não tente agarrar o volante deles.

Família

Seus pais *as pessoas que o criaram* estão envelhecendo. Você não pode controlar a saúde deles, o tempo deles ou o fato de que precisarão de mais ajuda, mais cuidado e mais apoio conforme os anos passam.

Mas você pode controlar estar lá quando isso acontecer. Pode controlar a garantia de que eles não fiquem desamparados e sozinhos. Pode controlar o oferecimento de dignidade e cuidado quando eles mais precisarem.

Se você compartilha sua vida com alguém, a família dessa pessoa passa a fazer parte do seu mundo. Pais, irmãos, parentes distantes—todos estão agora conectados a você por meio da pessoa de quem você gosta.

Você não pode controlar se eles gostam de você. Se o aceitam de imediato ou se levam anos para se acostumarem com a sua presença. Suas opiniões, seus julgamentos, seus comentários em reuniões de família.

Mas você pode controlar como os trata. Pode fazê-los se sentirem como família. Pode honrar a confiança que demonstraram ao recebê-lo em suas vidas—eles estão compartilhando com você alguém que amam.

Você não pode fazê-los vê-lo de uma certa maneira. Mas pode ser alguém que vale a pena ser visto.

Se tiver filhos, pode controlar o quão bom pai ou mãe você é: sendo um modelo, estando presente, sendo paciente e intencional.

Você não pode controlar como eles se tornarão, as escolhas que farão ao crescer ou se eles se lembrarão de você da maneira que você espera.

Mas você pode controlar o ato de se fazer presente. Estar lá. Dirigir de um modo que lhes dê algo que valha a pena lembrar.

Esse é o seu volante com a família. Você não controla as reações ou os resultados deles. Você controla as suas ações e a sua presença.

No Dia a Dia

Você não pode controlar o trânsito. Mas pode deixar três carros entrarem na sua frente sem se frustrar, tornando o trajeto deles um pouco menos estressante.

Você não pode fazer as pessoas gostarem de você. Mas pode dar bom dia a três pessoas diferentes e alegrar o dia delas sem esperar nada em troca.

Você não pode controlar a pessoa atrás de você. Mas pode segurar a porta para ela, um gesto minúsculo que não lhe custa nada e torna o mundo ligeiramente melhor.

Você não pode controlar se as pessoas o respeitam. Mas pode ser respeitoso, mesmo quando não for retribuído.

Você não pode controlar se o seu dia corre bem. Mas pode fazer o dia de outra pessoa correr melhor.

Você não pode controlar quanto tempo seus animais de estimação viverão. Mas pode controlar como dar a eles uma vida digna de um pet.

Nada disso é sobre ser um santo. Nada disso é sobre praticar bondade para ganhar crédito. É apenas sobre reconhecer que o volante está em suas mãos. Você decide como dirige.

Cada interação é uma escolha. Cada reação é uma decisão. Cada momento em que você poderia piorar as coisas ou melhorá-las—esse é o seu volante. Coloque um sorriso no rosto.

Você controla isso.

Seu volante. Sua faixa. Suas ações.

É aí que a competição com o seu eu de ontem realmente acontece. Não ao controlar a rodovia. Mas ao controlar como você dirige nela.

Capítulo 21

A MANEIRA COMO VOCÊ DIRIGIU É O QUE IMPORTA

Depois de todos esses quilômetros, o que você vem construindo sem perceber não é um troféu. Não é um monumento. Não é uma coleção de conquistas para apontar quando alguém perguntar o que você realizou.

O que você vem construindo é influência.

Não do tipo que aparece no seu testamento. Não do tipo que é dividido entre herdeiros. Não do tipo que se desgasta, desvaloriza ou é vendido em um bazar de usados.

O tipo que permanece com as pessoas muito tempo depois de você ter parado de dirigir.

Assumir o volante significa assumir o controle do seu legado—o que você está deixando nas pessoas agora, não o que deixará para elas mais tarde.

O Carro ou a Direção

Você poderia deixar seu carro para seu filho. Documento transferido, chaves entregues, veículo em nome dele. Isso é herança. É algo PARA ele.

Ou você poderia ensiná-lo como você o dirigia. Como você lidava com estradas difíceis. Como mantinha a paciência no trânsito. Como navegava quando não conhecia a rota. Como tomava decisões quando o tempo fechava. Passe isso adiante.

Isso é legado. É algo DENTRO dele.

Qualquer um pode comprar um carro. Nem todos têm a chance de aprender com o motorista que os ensinou a dominar um.

O carro eventualmente vai quebrar. Precisará de reparos, depois de mais reparos, até que um dia não valerá mais a pena consertar. É assim que os carros funcionam.

Mas a maneira como você o ensinou a dirigir? Isso fica. Isso se torna parte de como ele navega sua própria rota. Isso influencia como ele dirigirá pelo resto da vida.

Isso não é algo que se possa deixar em um testamento. É algo que ele carrega porque viajou com você.

O Que Realmente se Transfere

Dinheiro se transfere. Propriedades se transferem. Posses se transferem.

Mas essas coisas não podem mostrar a alguém como manter a calma quando tudo parece caótico. Elas não podem ensinar seu amigo a analisar um problema por um ângulo diferente. Elas não podem dar ao seu parceiro a sensação de ser verdadeiramente visto e compreendido.

Essas coisas? Elas só se transferem através da presença. Através do tempo que passaram viajando juntos. Através dos momentos em que eles observaram como você lidava com algo e pensaram: "É assim que eu quero lidar também."

Seus pais provavelmente lhe deixaram coisas. Talvez uma casa, talvez algumas economias, talvez relíquias de família. E essas coisas podem ter sido úteis, podem ter sido significativas.

Mas o que você realmente carrega deles?

Você carrega a maneira como sua mãe mantinha a calma durante emergências. Você carrega a maneira metódica como seu pai abordava os problemas. Você carrega os valores que eles viveram, não os que pregaram. Você carrega as lições que eles mostraram através de como dirigiam, não os sermões que deram sobre como você deveria dirigir.

As coisas físicas? Elas são legais. Mas elas não são o legado.

O legado deles está DENTRO de você. Em como você pensa. Em como você reage. Em como você navega sua própria rota.

A Herança Que Todos Podem Comprar

Posses se desgastam. O dinheiro acaba. Coisas quebram, desvalorizam, perdem-se, são roubadas, tornam-se obsoletas.

A herança que você recebeu? Ela serviu a um propósito. Ajudou. Mas se fosse apenas dinheiro ou propriedade, qualquer outra pessoa poderia ter lhe dado a mesma coisa.

O que outra pessoa não poderia lhe dar? A maneira específica de pensar dos seus pais. A abordagem particular que eles tinham em relação à vida. A perspectiva única que traziam para os problemas. A maneira como faziam você se sentir capaz, mesmo quando duvidava de si mesmo.

Isso é insubstituível. É isso que realmente importa.

A herança material? Ela equaliza. Dê 100.000 dólares para dez pessoas e todas terão a mesma quantia. A transação é idêntica.

Mas a influência? A influência é única. A maneira como você afetou o pensamento de alguém, a maneira como mudou a forma como a pessoa se vê, a maneira como influenciou a rota dela—isso é algo que só você poderia dar. Ninguém mais tem sua combinação exata de experiências, perspectivas e presença.

Essa é uma herança que dura.

O Que Você Preferiria?

Se eu pudesse escolher, preferiria que meus pais vendessem aquele carro de luxo agora *pegassem tudo o que guardaram* e usassem esse dinheiro para eles mesmos. É o dinheiro deles. Eles o ganharam. Merecem aproveitá-lo.

Talvez isso signifique viajar. Talvez signifique finalmente fazer aquela coisa de que sempre falaram. Talvez signifique uma viagem de carro que eles vêm adiando há décadas. Seremos bem-vindos para acompanhá-los, se eles nos quiserem lá—mas o trajeto é deles. A rota é deles. São os quilômetros deles para dirigir como quiserem.

O que quer que lhes traga alegria enquanto ainda estão aqui para vivenciá-la.

Quando eles se forem, não vou guardar como um tesouro "o carro de luxo". Não vou dirigi-lo pensando: "Que bom que eles guardaram isso para mim." Vou acabar vendendo-o e tentando descobrir o que fazer com todas as tralhas que eles deixaram para trás.

Mas vê-los realmente viver? Vê-los desfrutar do que construíram, em vez de apenas preservar para nós? Isso fica comigo.

Ver meu filho enxergar os avós não como pessoas que guardaram tudo para depois, mas como pessoas que souberam viver enquanto podiam.

Essa é a herança que eu prezo.

Não a casa com coisas que acabarei jogando fora. Não o carro de luxo que venderei porque não se encaixa na minha vida. Mas a memória de vê-los felizes. A prova de que eles não apenas trabalharam a vida inteira para deixar coisas para trás—eles realmente aproveitaram a viagem.

É isso que eu escolheria para eles. Sempre.

Porque posses são divididas, vendidas, perdidas, esquecidas. Mas essas experiências? Elas se tornam parte de como me lembro deles. Tornam-se parte do que carrego. Tornam-se parte do que conto ao meu filho sobre quem foram os avós dele.

Esse é o legado deles. Não o que deixaram PARA mim, mas o que deixaram EM mim.

Você é um Passageiro na Jornada Deles

Aqui está outra inversão. Você esteve pensando nos passageiros do seu carro. As pessoas que viajam com você. As diferentes versões de você mesmo que elas vivenciaram.

Mas você também é um passageiro no carro de outra pessoa.

Se você tem filhos, a jornada deles não é sua para dirigir. Você está viajando com eles, mas não está dirigindo. O que importa é quem está ao volante. E não é você.

Você está no banco do passageiro, talvez oferecendo direções, talvez apontando coisas que eles não notaram, mas, em última análise, são eles que controlam para onde o carro vai.

O mesmo vale para seu parceiro. Seus amigos. Seus colegas de trabalho. Qualquer pessoa em sua vida.

Você não dirige a rota deles. Você vai junto em parte dela. Às vezes você está lá por anos. Às vezes apenas por alguns quilômetros. Mas você nunca está no banco do motorista deles—esse é exclusivamente deles.

O que você pode fazer é influenciar a maneira como eles dirigem.

A confiança que sentem ao navegar em sua rota? Você afetou isso.

A maneira como lidam com obstáculos? Você lhes mostrou abordagens que talvez não tivessem considerado.

A paciência que trazem para trechos difíceis? Eles aprenderam parte disso observando você.

Você não dirigiu por eles. Você dirigiu COM eles. E isso tornou a direção deles diferente do que teria sido sem você.

Esse é o SEU legado na jornada deles.

O Odômetro Que Fica

Quando a direção de alguém termina, seu odômetro não desaparece.

Pense nisso por um segundo. Quando alguém que você ama para de dirigir *quando estaciona pela última vez* todos aqueles quilômetros que percorreu, todas aquelas rotas que seguiu, toda aquela distância que cobriu... nada disso simplesmente some.

Isso permanece. Em todos os que viajaram com essa pessoa.

Você ainda carrega quilômetros que seus entes queridos dirigiram. Rotas que eles lhe mostraram. Curvas que ensinaram você a fazer. Maneiras de pensar que passaram durante longas viagens juntos. Cada geração melhor que a anterior.

Eles não estão mais dirigindo. Mas a quilometragem deles continua se acumulando—em você. Na maneira como você dirige. Nas escolhas que faz. Nas rotas que toma, porque eles mostraram que aquelas estradas existiam.

O odômetro deles ficou. A influência deles continua.

Isso não é metafórico. Não é uma filosofia reconfortante para fazer a morte parecer menos definitiva. É apenas o que realmente acontece quando você influenciou verdadeiramente alguém.

Você se torna parte de como a pessoa navegará o resto de sua viagem.

Como Você os Fez Sentir

Seu amigo não se lembrará de todas as conversas que tiveram. Seu filho não se lembrará de cada conselho dado. Seu parceiro não se lembrará de todos os encontros planejados.

Mas eles se lembrarão de como você os fez sentir.

Você os fez sentir capazes? Fez com que se sentissem vistos? Fez com que sentissem que podiam lidar com qualquer estrada em que estivessem?

Ou fez com que se sentissem inadequados? Constantemente comparados? Como se estivessem sempre aquém das expectativas?

Esse sentimento—é isso que fica. Isso se torna parte de como eles se veem. É isso que influencia a direção deles por anos depois que você parou de viajar com eles.

Você pode ter dado um carro a eles. Pode ter pago seus estudos. Pode ter deixado dinheiro.

Mas se você os fez sentir incompetentes enquanto fazia isso? Se fez com que sentissem que nada do que faziam era bom o suficiente? Se fez com que sentissem que estavam sendo constantemente avaliados e considerados insuficientes?

O que você deixou para trás não é o carro ou o diploma ou a herança. Seu legado é esse sentimento.

E esse é o que dura.

Os Passageiros que Você Já Influenciou

Você dirige há anos. Décadas, provavelmente. E durante todo esse tempo, você teve passageiros.

Pessoas estiveram no seu carro, observando como você lida com o estresse. Observando como reage quando as coisas dão errado. Observando como trata os outros motoristas. Observando como navega quando está perdido.

Se você tem filhos, eles viram você agarrar o volante com força quando o dinheiro estava curto. Eles absorveram essa ansiedade, quer você falasse sobre isso ou não.

Se você tem um parceiro, ele viu como você lidou com conflitos—se manteve a calma ou se alterou, se ouviu ou se defendeu. Isso mostrou a ele algo sobre como as divergências funcionam na vida compartilhada de vocês.

Seus amigos observaram como você falava de pessoas que não estavam presentes. Se era gentil ou crítico. Se podiam confiar segredos a você ou se tudo virava fofoca.

Você os estava ensinando o tempo todo. Não através de palestras. Através da presença. Através do exemplo. Através da versão de você mesmo que aparecia quando você achava que ninguém prestava tanta atenção.

Eles estavam prestando atenção.

E agora eles estão dirigindo com um pouco do que você lhes mostrou.

Esse já é o seu legado. Já está acontecendo. Você já está deixando algo DENTRO das pessoas ao seu redor.

A única pergunta é: o que você está deixando?

Você Não Consegue Controlar a Memória Deles

Lembra quando falamos anteriormente nesta viagem que as memórias pertencem a outras pessoas? Que você não pode controlar o que elas lembram ou como lembram.

O mesmo se aplica aqui.

Você não pode forçar as pessoas a lembrarem de você de uma certa maneira. Não pode escrever o roteiro de como viverá na mente delas. Não pode controlar se elas focarão em seus melhores momentos ou nos piores.

A memória que elas têm de você é delas. A experiência de viajar com você é delas. A versão de você que elas carregam adiante é a versão delas, não a sua versão editada.

Mas eis o que você pode controlar: quem você é enquanto dirige.

Você pode controlar sua presença. Pode controlar se é paciente ou reativo. Pode controlar se faz as pessoas se sentirem capazes ou inadequadas. Pode controlar se seus passageiros saem do carro melhores por terem viajado com você.

Você não pode controlar o que eles lembram. Mas pode controlar o que lhes dá para lembrar.

E isso importa mais do que você imagina.

Os Que se Foram e Que Ainda Dirigem Com Você

Você não está sozinho no carro agora. Você sabe disso, certo?

Todos os que o influenciaram—todos os que lhe mostraram como lidar com certas estradas, que lhe ensinaram abordagens que você ainda usa, que lhe deram perspectivas que você ainda carrega—ainda estão viajando com você.

Seu avô, que lhe ensinou a manter a calma em emergências? Ele está lá quando você lida com uma crise sem entrar em pânico.

Sua professora, que mostrou como decompor problemas complexos? Ela está lá quando você enfrenta algo esmagador e sabe como atacar peça por peça.

Seu primo, que ensinou que não há problema em pegar o caminho panorâmico às vezes? Eles estão lá quando você desacelera para desfrutar de algo em vez de passar correndo.

A gente não percebe o quanto valoriza algo até que alguém nos tire.

Eles não estão dirigindo. Mas a influência deles ainda está ativa. Os quilômetros deles ainda estão se acumulando porque você continua aplicando o que eles ensinaram.

É isso que o legado realmente é. Não monumentos, contas bancárias ou posses divididas entre herdeiros.

É a maneira como a presença de alguém continua afetando sua direção muito tempo depois de terem parado.

O Que Você Está Construindo Agora Mesmo

Toda vez que você se faz presente para alguém—verdadeiramente presente, não apenas fisicamente lá, mas realmente entregue—você está construindo seu legado.

Toda vez que você faz alguém se sentir capaz em vez de inadequado, está deixando algo DENTRO dessa pessoa.

Toda vez que demonstra paciência em vez de impaciência, está ensinando a alguém como lidar com a frustração.

Toda vez que permanece presente em vez de distraído, está mostrando a alguém o que significa valorizar o momento atual.

Você não está construindo um monumento. Não está acumulando conquistas para o seu elogio fúnebre. Não está coletando evidências de que foi importante.

Você está influenciando a maneira como as pessoas dirigem. Agora mesmo. Hoje. Neste exato momento.

Esse é o SEU legado.

Não o que você deixará para trás quando se for. O que você está deixando DENTRO das pessoas enquanto está aqui.

A Única Competição Que Importa para Isso

Competir contra si mesmo, como falamos antes, significa ser melhor hoje do que foi ontem.

Significa perguntar-se: "Estou fazendo as pessoas se sentirem mais capazes ou menos capazes do que ontem? Estou me mostrando mais presente ou mais distraído? Estou influenciando as pessoas para a paciência ou para a ansiedade?"—

Você está competindo com a versão de ontem de si mesmo como uma presença na vida de outras pessoas.

Não com aquele "eu fui mais bem-sucedido?" Nem "eu conquistei mais?"

Mas sim: "Eu fiz as pessoas ao meu redor se sentirem mais capazes de lidar com suas próprias rotas?"

Essa é a competição que determina o que você realmente deixa para trás.

O Volante Que Você Controla

Você controla sua presença. Você controla seu exemplo. Você controla se torna a direção de alguém mais fácil ou mais difícil pela maneira como se porta no banco do passageiro.

Você não controla a rota deles. Não controla o destino deles. Não controla se eles se lembrarão de você com carinho ou se a memória deles focará em momentos que você gostaria de poder refazer.

Mas você controla quem é agora, neste momento, com as pessoas que viajam com você.

E isso importa.

Daqui a anos, quando você não estiver mais lá, eles ainda estarão dirigindo com algo que você deu a eles.

O que você quer que isso seja?

Não o que você quer que eles pensem de você. Não como quer ser lembrado. Mas o que você quer deixar DENTRO deles que torne a direção deles melhor?

Sua paciência? Sua maneira de analisar problemas? Sua capacidade de manter a calma quando as coisas ficam caóticas? Sua recusa em comparar a rota deles com a de qualquer outra pessoa?

É isso que realmente fica. Isso se torna parte de como eles navegam em suas próprias vidas.

Legado não é sobre você. É sobre eles.

O que você deixa DENTRO das pessoas—é isso que importa. Viver uma vida que vale a pena ser lembrada.

Isso é o que dura. Isso continua influenciando rotas que você nunca dirigirá.

O carro é vendido. O dinheiro é gasto. A casa é herdada ou desfeita.

Mas a maneira como você fez alguém se sentir? A abordagem da vida que você mostrou? A confiança que você construiu neles? A perspectiva que compartilhou?

Isso fica. Isso se torna parte do odômetro deles. Isso continua acumulando quilômetros muito depois de você ter parado de dirigir.

Não há um exame avaliando se você deixou a quantia certa de dinheiro ou a herança perfeita.

Existem apenas as pessoas com quem você viajou, a influência que teve e o que elas levam adiante porque você esteve lá.

Esse é o legado que importa.

E você o está construindo agora mesmo.

Parte Oito

ENCOSTANDO O CARRO

Chegando ao meu destino, o seu ainda adiante.

Capítulo 22

ALÉM DO SEU RETROVISOR

Milha após milha, seu espelho retrovisor lhe mostra algo que você não pode controlar.

Você passou toda esta viagem aprendendo sobre sua rota. Seu odômetro. Seu volante. Seu ritmo. Tudo o que acontece na estrada ao seu redor, tudo o que você consegue ver enquanto dirige.

Mas e depois?

O que acontece quando alguém pega uma saída que você não vai pegar? Quando eles entram no tráfego e desaparecem da sua vista? Quando os carros atrás de você se tornam pontos ao longe e depois somem completamente?

A Parte Oito é sobre o que continua além do seu retrovisor.

Aqueles carros que estavam logo atrás de você vinte minutos atrás? Agora são pontos. Alguns pegaram saídas. Alguns mudaram de faixa. Alguns ainda estão lá atrás em algum lugar, mas você já não consegue distinguir quais.

Todos eles continuam em rotas que você nunca verá. Rotas que você afetou sem saber para onde levavam.

É isso que este último trecho explora.

A Influência que Você Libera

Houve um filme nos anos 90 chamado *Vinte Dólares*. Todo o enredo acompanha uma nota específica de vinte dólares enquanto ela passa de pessoa para pessoa. Um presente de casamento vira a gorjeta de uma stripper, que vira a refeição de um sem-teto, que vira a passagem de ônibus de alguém. Cada pessoa tem seu momento com a nota, e então ela passa para a próxima mão, viajando por vidas e histórias que o portador anterior nunca verá.

Sua influência funciona exatamente como aquela nota de vinte dólares.

Você afeta alguém. Talvez tenha dado passagem. Talvez tenha dito bom dia quando a pessoa precisava ouvir uma voz humana. Talvez tenha segurado a porta quando ela estava carregando coisas demais. Essa influência entra na vida dela, torna-se parte de como ela vê o mundo e, potencialmente, afeta como ela tratará a próxima pessoa. E então continua viajando—de mão em mão, de vida em vida, de rota em rota.

Você nunca consegue acompanhar para onde ela vai.

Imagine se pudesse. Imagine se tivesse aquela câmera onisciente do filme, rastreando sua influência como ela rastreou aquela nota de vinte dólares. Você veria exatamente por onde seus pequenos atos viajaram. Pelo seu bairro. Pela sua cidade. Através de pessoas que você nunca conhecerá, que foram influenciadas por alguém que você influenciou, que foi influenciada por algo que você fez em uma manhã de terça-feira quando nem estava pensando nisso.

Para o bem ou para o mal, você veria a ondulação completa. Cada onda. Cada direção que sua influência percorreu. Cada rota que ela mudou.

Mas você não pode. Você não tem essa câmera. Você apenas libera sua influência no mundo e confia que ela está viajando para lugares além da sua visibilidade.

E, às vezes *com mais frequência do que você imagina*, essa influência cria ondas que você nunca verá. Muda rotas de maneiras que você nunca saberá. Afeta pessoas que você nunca conhecerá.

As Histórias dos Engarrafamentos

Sempre que há um engarrafamento em um filme, a câmera faz a mesma coisa. Uma tomada aérea ampla percorrendo centenas de carros, e então dá um zoom para encontrar o veículo do personagem principal. Todos os outros são apenas trânsito. Cenário. Figurantes. Obstáculos na história do protagonista.

E se, agora mesmo, a câmera desse um zoom para FORA? E se pudéssemos escolher qualquer carro neste engarrafamento e seguir sua história de trás para frente?

Aquela mulher no sedã azul. Ela acordou às 5h30 desta manhã, embora não precisasse estar no trabalho até as 9h. Fez o café da manhã da filha. Preparou uma marmita. Ela não é desta cidade—mudou-se para cá há três anos por causa de um emprego que prometia crescimento, mas que não aconteceu. Ela está pensando na mãe, lá na cidade natal, que está envelhecendo e pode precisar de ajuda em breve. O engarrafamento a está deixando atrasada para a reunião que pode finalmente mudar as coisas, ou que pode confirmar que ela precisa começar a procurar outro lugar.

Volte ainda mais. Dez anos. Ela estava na faculdade, em uma cidade totalmente diferente, namorando alguém com quem achava que se casaria, até que não aconteceu. Seus pais queriam que ela voltasse para casa depois da graduação, mas ela recusou. Essa decisão *essa recusa* a trouxe para esta cidade, este emprego, este momento presa no trânsito pensando se fez as escolhas certas.

E estamos apenas fantasiando sobre a história de uma única pessoa. Um único carro. Em um engarrafamento com centenas deles.

Essa é a consciência que abre seus olhos. Cada pessoa que você encontrou hoje—o segurança do banco, o caixa do mercado, a pessoa que te fechou sem dar seta—todos têm uma história de fundo tão profunda quanto essa. Todos foram crianças um dia, com brinquedos favoritos e desenhos animados preferidos e sonhos sobre como seria a vida quando crescessem.

E se todo mundo tem uma história de fundo tão complexa que os trouxe até este exato momento, então todo mundo também tem uma história de futuro. Para onde vão depois de cruzar com você. O que acontece em seguida em suas rotas depois que seus caminhos se cruzaram por aqueles poucos segundos.

Sua influência *seu pequeno gesto ou seu momento de impaciência* torna-se parte dessa história de futuro. Nós só vemos as partes das pessoas que queremos ver—mas sua influência alcança partes delas que você nunca presenciará. Parte de para onde elas vão em seguida em rotas que você nunca verá.

As Rotas que Eles Seguiram Depois de Você

Você deu passagem para alguém. Eles acenaram em agradecimento. Vocês dois continuaram dirigindo.

Para onde eles estavam indo? Talvez estivessem correndo para pegar um voo para o funeral da avó. Talvez o seu gesto—aqueles três segundos que você cedeu—tenha feito a diferença entre pegar aquele voo ou perdê-lo. Entre dizer adeus ou viver com o arrependimento.

Ou talvez estivessem apenas indo ao mercado, e você lhes poupou trinta segundos.

Você nunca saberá qual das opções foi.

Neste exato momento, em algum lugar nas redes sociais, pode haver uma postagem: "Obrigado ao estranho que me deu passagem esta manhã quando eu estava atrasado para a entrevista mais importante da minha vida." Você nunca verá essa postagem. Você nem sabe o nome deles. Você apenas criou espaço, eles entraram, você seguiu dirigindo.

Aquele colega de trabalho que tem tido dificuldades—talvez esteja lidando com uma doença na família, talvez esteja apenas por um fio. Ou o estudante de intercâmbio longe de casa tentando navegar em um ambiente completamente novo. Você não precisa investigar a vida deles. Não precisa da história deles para saber que chegar a este momento à sua frente provavelmente exigiu mais esforço do que você imagina.

Se você os ajuda de forma significativa—se demonstra paciência quando cometem um erro, se os inclui quando parecem perdidos, se os reconhece quando todos os outros os tratam como parte da mobília—você se torna parte do odômetro deles a partir de hoje.

Parte da rota que eles lembrarão quando pensarem nesta época de suas vidas.

O caixa tendo uma manhã terrível até que alguém o olhou nos olhos e disse bom dia. O segurança que é tratado como um acessório fixo até que alguém se lembra de que ele é uma pessoa. O estranho carregando peso demais que só precisava de alguém que segurasse a porta sem fazê-lo se sentir um fardo.

Seus pequenos atos mudam para onde eles vão em seguida. E então eles vão embora. Pegam saídas. Entram em faixas que você nunca percorrerá. Continuam em rotas que você nunca verá.

E o que quer que tenha acontecido em seguida na jornada deles—para onde quer que sua influência tenha viajado no pensamento, nas escolhas e na forma como trataram a próxima pessoa—isso está além da sua visibilidade agora.

O Nome do Vizinho

Às vezes, somos completamente cegos para as pessoas próximas a nós. Dois anos atrás, tive uma briga silenciosa com meu vizinho por causa de um lugar para o lixo. Coisa simples. Coisa boba. O lugar ficava bem no ponto médio entre nossas propriedades, na calçada, e nós dois morávamos lá há menos de um ano. Quase todas as noites, quem tirasse o lixo por último empurrava os sacos da outra pessoa para o lado dela.

Mesquinho. Mas acontecia sempre.

Até que um dia eu explodi. Vi ele fazendo isso pela janela. Saí gritando. Discutimos. Eventualmente concordamos em manter o lixo no mesmo lugar, mas voltado para nossas respectivas casas. O argumento acabou. Voltei para dentro.

Dez minutos depois, disse à minha esposa: "Vou até a porta dele."

Ela achou que eu ia para brigar.

Toquei a campainha. "Oi, sou eu, seu vizinho."Vim aqui para me desculpar.

Expliquei que tinha tido um dia ruim no trabalho. Que perdi a paciência. Que não havia desculpa para gritar com ele por causa de algo tão estúpido quanto um lugar para o lixo.

Ele sorriu. Trocamos números de telefone.

O nome dele é Charly.

Esse detalhe importa porque, até aquele momento, ele era apenas "o vizinho". Um obstáculo. Alguém dificultando a minha vida. No segundo em que pedi desculpas, no segundo em que admiti que estava errado, ele se tornou uma pessoa com um nome. Alguém que eu viria a conhecer. Alguém que se tornaria um vizinho mais gentil—acenando quando nos vemos, cuidando da propriedade um do outro.

Isso mudou visivelmente entre nós.

Como aquele momento afetou a vida dele além das nossas intera-ções de vizinhança? Nunca saberei. Além disso, esse não foi o meu motivo para fazer aquilo.

Mudou a forma como ele pensa sobre conflitos? Quando alguém perde a paciência com ele agora—no trabalho, com a família, com os amigos—ele se lembra de que o vizinho dele voltou dez minutos depois para se desculpar? Isso o torna mais propenso a apaziguar a situação em vez de guardar rancor?

Como esse pedido de desculpas reverberou na criação dos filhos dele? Nas amizades dele? Na visão de mundo dele sobre pessoas que perdem a cabeça?

Não sei, e não preciso saber. Essa nunca foi a razão pela qual voltei. Eu não estava tentando criar nenhum efeito dominó ou dar uma lição sobre resolução de conflitos. Talvez não tenha mudado nada—talvez ele já fosse um cara legal e eu só não soubesse ainda. Talvez o pedido de desculpas tenha importado para ele, talvez não.

A rota dele continuou além do meu retrovisor. Posso ver que somos bons vizinhos agora. Todo o resto? Está além de onde consigo enxergar.

A Influência que Fere

Não acontecem apenas ondas positivas. Às vezes, sua influência cria danos que você nunca vê.

Você entrou na faixa sem dar sinal. Não percebeu que o carro atrás teve que frear bruscamente para evitar uma batida. A criança no banco de trás se assustou e começou a chorar. A mãe ficou estressada e não pôde encostar na via expressa para confortar o filho. Você seguiu caminho completamente alheio a isso.

Sua impaciência afetou a rota de alguém, e você não teve a menor ideia.

Ou você está no caixa. O atendente comete um erro ao passar um item. Você demonstra frustração—sem gritar, apenas um olhar, talvez um suspiro. Eles já estão tendo um dia difícil. Já se sentindo inadequados. Sua reação confirma o medo deles de que são ruins no que fazem.

Eles vão para casa sentindo-se pior consigo mesmos por causa de uma interação de dois segundos que você esqueceu imediatamente.

Você disse algo desdenhoso para alguém que estava por um fio. Seu comentário *feito como piada ou apenas sem pensar* foi o que faltava para a pessoa pedir demissão.

Você foi impaciente com alguém que estava dando o seu melhor. Não percebeu que a pessoa era nova, ou lidava com algo difícil, ou já sentia que não conseguia fazer nada certo.

O objetivo não é deixá-lo paranoico sobre cada interação. O ponto é este: sua influência se espalha em direções que você não consegue ver. Às vezes positiva. Às vezes negativa. Geralmente, você nunca saberá qual das duas foi.

Assim como aquela nota de vinte dólares não sabe se comprou o remédio de alguém ou se alimentou um vício. Ela apenas viaja de mão em mão, criando impactos além de sua consciência.

O mesmo acontece com a sua influência.

A Matemática que Ninguém Acompanha

Três pequenos atos hoje. Dar passagem a alguém. Dizer bom dia. Segurar uma porta.

Agora imagine que essas três pessoas façam o mesmo—deem passagem a três pessoas, cumprimentem três estranhos, segurem três portas. Você passou de três para doze pessoas afetadas (3+9).

Aquelas nove em cada ramificação afetam mais três. Agora você está em trinta e nove pessoas (3+9+27).

Veja o que acontece quando você continua. Trinta e nove vira 120 (3+9+27+81). 120 vira 363 (3+9+27+81+243). Os números começam a se acumular rápido. Na quinta iteração, você já passou de mil pessoas (1.093). Na sétima, está em quase dez mil (9.841).

Dez iterações depois? 265.719 pessoas.

Três atos. 265.719 pessoas.

Então, sim, *vamos mudar o mundo dando passagem de cada vez* não é apenas uma frase bonita para este livro. A matemática realmente sustenta isso.

E é completamente invisível.

Você não está rastreando nada disso ao dar passagem a alguém. Está apenas agindo naquele momento. Em um ponto ou outro, todos temos que fazer essa escolha. E essa escolha única se multiplica através de vidas que você nunca conhecerá, criando momentos que você nunca presenciará, afetando rotas que se ramificam em outras rotas que se ramificam em outras rotas.

A influência se acumula em uma escala que você não pode medir. Isso não é uma limitação—é o poder dela.

O Que Isso Pode Mudar Para Você

Talvez este livro mude a forma como você aprecia sua vida e as pessoas ao seu redor. Todos gostaríamos de ser a melhor versão de nós mesmos. Talvez você pare de viver em modo de contagem regressiva, pare de se sentir avaliado todos os dias, comece a dirigir sem aquela pressão constante de ser comparado com a rota de todos os outros.

Talvez não mude. Talvez você esperasse que fosse abordado de outra forma. Talvez seu amigo tenha dito que era outra coisa. Talvez você apenas não esteja em um momento em que nada disso ressoe.

Talvez você tenha concordado com tudo, mas nada mude porque ler não é o mesmo que aplicar.

Ou talvez apenas uma frase em algum lugar tenha mudado tudo para você, e o resto tenha sido apenas o contexto que o levou àquele momento.

Eu nunca saberei qual das opções foi.

Este livro é a influência que estou liberando na sua rota. Ele está viajando com você agora para lugares que eu nunca verei. Talvez ele mude as coisas. Talvez não. Talvez importe mais do que eu possa imaginar, ou talvez você o esqueça completamente.

É isso que acontece quando a influência viaja além do seu retrovisor. Você a libera. Confia que ela vai para onde precisa ir. E continua dirigindo sem saber o resultado.

A mesma coisa acontece com cada pequeno ato que você realiza. Cada gesto. Cada momento em que sua rota se cruzou com a de outra pessoa e sua influência se tornou parte de para onde ela foi em seguida.

Você apenas libera e continua dirigindo.

Além da Sua Visibilidade

Não há painel monitorando para onde seus pequenos atos viajaram. Nenhum boletim escolar registrando quantas pessoas foram afetadas por aquela coisa que você fez naquela manhã em que estava apenas tentando ser decente.

Você apenas dirige. Cria momentos. Afeta rotas. E então essas pessoas continuam em caminhos que você nunca verá, rumo a destinos que você nunca conhecerá, carregando a influência que você liberou sem saber para onde ela iria.

Parte dessa influência continua por anos. Décadas. Talvez gerações. Viajando por rotas tão distantes da sua que a conexão de volta ao seu ato original seria impossível de rastrear, mesmo que você pudesse vê-la.

Isso não é uma falha em rastrear. Não é algo que você deveria ter monitorado melhor. É apenas como a influência funciona quando cada um está dirigindo sua própria rota.

Seu espelho retrovisor mostra as pessoas por um momento após o cruzamento de suas rotas. Depois, elas pegam outros caminhos. Pegam saídas. Ficam para trás. E a rota delas continua além da sua visibilidade.

Sempre quis ser um influenciador? Bem, você já é um. Você pode se ver como alguém comum. Mas atos comuns criam ondas que você nunca verá.

Você influenciou alguém. Você mudou algo. Você criou um momento que se tornou parte de para onde eles foram em seguida.

Mas o que aconteceu depois? Para onde eles foram? O que sua influência mudou de maneiras que você não consegue ver?

Isso está além do seu retrovisor.

E você continua dirigindo na sua própria rota, criando mais momentos, afetando mais pessoas, liberando mais influência em direções que nunca verá.

Não há nenhum exame avaliando se você rastreou tudo corretamente.

Há apenas a rota à frente, os pequenos atos que você cria e a confiança de que sua influência está viajando para lugares além da sua visibilidade—mudando rotas que você nunca percorrerá, afetando pessoas que você nunca conhecerá, criando ondas que você nunca verá.

Esse é o território além do seu retrovisor.

E ele é maior do que você jamais saberá.

Capítulo 23

PILOTO AUTOMÁTICO DESLIGADO

Mesmo após milhares de quilômetros dirigindo da mesma forma, você pode mudar.

Quilômetros atrás, você estava se comparando com todo mundo.

Cada carro que te ultrapassava parecia um fracasso. Cada carro que você ultrapassava parecia uma vitória. Você estava competindo com adversários imaginários em uma rodovia que nunca teve uma linha de chegada.

Você estava vivendo como se houvesse um exame. Como se alguém estivesse dando nota para a sua velocidade, sua rota, suas escolhas. Como se houvesse uma tabela de pontuação em algum lugar rastreando se você estava dirigindo corretamente.

Agora olhe para você.

Você sabe que é o seu próprio ponto de referência. Você entende que a sua rota é sua—nem melhor nem pior que a de ninguém, apenas sua. Você vê o hoje como 100% da sua vida, não como preparação para outra coisa. Você se concentra no seu volante, não na velocidade de todos os outros. Você está construindo um legado através da presença, não através do que deixará para trás quando estacionar.

Você não é o mesmo motorista que começou esta jornada.

O Que Realmente Mudou

Talvez tudo tenha mudado. Talvez apenas uma coisa. Talvez algo entre os dois.

Mas algo mudou.

Você parou de apostar corrida com carros que nunca estiveram competindo com você. Você parou de comparar o seu odômetro com a quilometragem de todos os outros. Você parou de achar que a faixa pertencia a você. Você parou de buzinar para cada pequena ofensa percebida.

Você começou a ver os outros motoristas como pessoas em suas próprias rotas, em vez de obstáculos na sua. Você começou a medir o progresso em relação a quem você era ontem, em vez de comparar com todos ao seu redor. Você começou a entender que as suas memórias pertencem a você e as memórias deles pertencem a eles.

Você desaprendeu a competição. Você desaprendeu a divisão. Você desaprendeu a armadilha dos conselhos. Você desaprendeu o arrependimento.

Não porque você terminou de aprender. Não porque você entendeu tudo. Não porque você se formou em algum programa ou completou algum curso na Udemy.

Mas porque você passou esses quilômetros examinando como dirige e, em algum momento do caminho, a sua perspectiva mudou.

A rodovia parece diferente agora. Não porque a rodovia mudou. Mas porque você a está vendo de forma diferente.

Esta É a Sua Vida Agora

Você não aprendeu uma filosofia. Você não adotou um método. Você não memorizou um sistema.

Você mudou a sua forma de enxergar.

E isso não é algo que se liga e desliga. Não é algo que você aplica quando é conveniente. Não é uma técnica que você usa em certas situações.

Este é apenas o modo como você dirige agora.

Toda manhã que você acorda, não há um exame naquele dia. Ninguém está dando nota se você está vivendo corretamente. Ninguém está medindo seu progresso em relação a um padrão universal. Ninguém está ranqueando você contra todos os outros que também estão tentando descobrir como navegar em suas rotas.

Em cada interação que você tem, não há uma nota sendo registrada. Nenhuma tabela de pontuação marcando se você lidou com aquilo perfeitamente. Nenhum juiz determinando se a sua resposta foi a ideal.

Em cada escolha que você faz, não existe uma resposta certa universal. Apenas a escolha que faz sentido para a sua rota, no seu ritmo, com as suas circunstâncias específicas que ninguém mais entende completamente porque não estão dirigindo o seu carro.

Isso não é mais filosofia. Esta é a sua vida real.

Você não *pratica* ver a si mesmo como seu próprio ponto de referência. Você apenas é o seu próprio ponto de referência. É assim que a perspectiva funciona.

Você não *se lembra* de focar no seu volante. Você apenas foca naturalmente lá agora porque entende que é isso que você pode controlar.

Você não *tenta* ver o hoje como 100% da sua vida. Você apenas o vê dessa forma agora porque entende que este momento é o único que você está realmente vivendo.

A mudança já aconteceu. Não é algo pelo qual você está trabalhando. É algo que você é.

A Rodovia Não Mudou

Este livro termina.

O tráfego não.

Amanhã de manhã, você entrará no seu carro e a rodovia parecerá exatamente a mesma. As mesmas faixas. As mesmas regras. Os mesmos outros motoristas navegando suas próprias rotas em suas próprias velocidades.

A cultura ainda tentará programar você. As redes sociais ainda tentarão medir você. A sociedade ainda tentará comparar você. A família ainda tentará competir através de você.

Sua cidade natal ainda o julgará pelo seu carro. Seus vizinhos ainda se importarão com a sua casa. Seus parentes ainda perguntarão quando você vai se casar, ter filhos ou ser promovido.

O ciclo de fofocas ainda vai girar. Os jogos de status ainda vão rodar. As competições imaginárias ainda existirão na mente de todos os outros.

Nada disso mudou porque você leu um livro.

A rodovia funciona da mesma forma que sempre funcionou. Os outros carros ainda estão dirigindo como se houvesse um exame. A cultura ainda está transmitindo a mesma mensagem. A programação ainda está rodando em cada tela, em cada conversa, em cada interação.

Mas você é diferente.

Você enxerga de forma diferente agora. Você responde a isso de forma diferente agora. Você dirige por ali de forma diferente agora. Sem o estresse constante. Sem o peso de notas imaginárias. Sem ansiedade sobre como você se compara aos outros.

O estresse que você costumava carregar—sendo constantemente medido, constantemente comparando, sentindo-se constantemente avaliado—esse peso foi aliviado em algum lugar desta jornada. Não porque o mundo parou de ser estressante. Mas porque você parou de acreditar que o estresse era necessário.

Você não está competindo, então não pode perder. Você não está sendo avaliado, então não pode falhar. Você não está correndo, então não pode ficar para trás.

A pressão ainda está lá. Mas ela não atinge você da mesma forma. Talvez estejamos fazendo as perguntas erradas *não* "Estou ganhando?" *, mas sim * "Estou dirigindo?".

Quando a cultura lhe diz para competir, você reconhece o ciclo infinito antes de entrar nele. Quando as redes sociais tentam lhe dar uma nota, você se lembra de que ninguém está realmente marcando pontos. Quando a sociedade o mede por padrões arbitrários, você sabe que está medindo em relação a quem você era ontem.

A pressão não desapareceu. Você apenas parou de acreditar nela.

As comparações não pararam. Você apenas parou de participar.

O exame imaginário não sumiu. Você apenas percebeu que ele nunca foi real.

E isso é o suficiente.

Você não precisa que o mundo mude. Você não precisa que todos os outros parem de competir. Você não precisa que a cultura pare de programar ou que as redes sociais parem de medir ou que a sociedade pare de comparar.

Você só precisa continuar dirigindo sua rota, no seu ritmo, focado no seu próprio volante.

A rodovia é a mesma. Você é diferente.

É isso que importa.

Direção Consciente

Por quantos quilômetros você esteve no piloto automático?

Seguindo a velocidade que todos ao seu redor estavam indo. Permanecendo na faixa que a cultura lhe disse para dirigir. Pegando a saída que a sociedade esperava. Competindo porque foi isso que você aprendeu a fazer. Medindo porque foi isso que te ensinaram que importava. Você conhece aquela sensação—sem saber se está acordado ou dormindo?

Piloto automático. Respostas programadas. Reações automáticas. Roteiros culturais rodando sem o seu envolvimento consciente.

Você não estava realmente dirigindo. Você estava sendo dirigido—por expectativas, por programação, por crenças herdadas sobre o que o sucesso significa, como a vida deveria ser e o que você supostamente deveria querer.

Mas você está dirigindo manualmente já faz alguns quilômetros—talvez só tenha percebido agora.

Você assumiu o controle manual. Libertou sua mente das configurações de velocidade que outra pessoa programou. Você começou a fazer escolhas conscientes em vez de automáticas. Você começou a questionar se a rota que todos os outros pegam é a rota que faz sentido para você.

Você está dirigindo agora. Dirigindo de verdade.

Não perfeitamente. Não sem erros. Não sem ocasionalmente esquecer e escorregar de volta para velhos padrões.

Mas conscientemente. Intencionalmente. Com a consciência de

que é você quem está segurando o volante, pisando nos pedais, escolhendo as faixas, decidindo a velocidade.

O piloto automático está desligado. E você não vai ligá-lo novamente.

O Que Você Leva Adiante

Essa consciência não vai embora.

Não é algo que você esquecerá ao fechar este livro. Não é algo que perde o efeito quando você volta à sua vida normal. Não é uma clareza temporária que desaparece quando o mundo real volta a te atropelar.

Você não pode desver o que já viu. Você não pode desaprender o que agora entende. Entender não é o mesmo que viver.

Você será lembrado todos os dias. Toda vez que entrar no seu carro de verdade, ligar o motor, entrar no seu trajeto real—você se lembrará. A rodovia não é apenas um lugar sobre o qual você está lendo. É onde você vive.

Você ainda enfrentará pressão. Você ainda encontrará competição. Você ainda ouvirá vozes dizendo para você se comparar a todos os outros.

Mas você reconhecerá isso agora. Você verá as coisas como elas são. E você escolherá se quer se envolver ou manter os olhos na sua própria estrada.

Em alguns dias, você dirigirá com clareza perfeita, lembrando-se de tudo o que aprendeu, navegando com confiança.

Em outros dias, você escorregará de volta para velhos padrões, começará a se comparar com os outros, sentirá a atração de competições imaginárias.

Ambos estão bem. Ambos fazem parte de dirigir a sua rota. Você não está tentando alcançar a consistência perfeita. Você está apenas tentando dirigir de forma mais consciente com mais frequência do que fazia antes.

E você conseguirá. Assim que você enxerga que não há exame, não pode fingir que ele existe. Assim que entende que é o seu próprio ponto de referência, não pode se medir a partir das coordenadas de outra pessoa. Assim que reconhece que a sua rota é sua, não pode dirigir como se estivesse no caminho de outro.

A mudança é permanente. Não porque você nunca esquecerá. Mas porque, mesmo quando esquecer, você se lembrará novamente. A consciência está lá agora. Ela não desaparece só porque você não está pensando nela a cada momento.

Você Está Pronto

Durante toda esta viagem, estivemos viajando juntos.

Eu estive apontando coisas. Mostrando o que percebi. Compartilhando uma perspectiva que me ajudou a parar de viver como se houvesse um exame dando nota para cada movimento meu.

Você esteve processando isso. Testando contra a sua própria experiência. Decidindo o que ressoa e o que não. Tornando isso seu em vez de apenas aceitar. Isso foi para você, e somente para você.

E agora você está pronto.

Não porque você dominou tudo. Não porque você resolveu tudo. Não porque você nunca mais terá dificuldades com esses conceitos.

Mas porque você os entende agora. A perspectiva mudou. A consciência existe. O piloto automático está desligado. Você já sabe o que tem que fazer.

Você está pronto para continuar dirigindo—conscientemente, intencionalmente, com os olhos na sua própria estrada em vez de na estrada dos outros.

A rodovia não mudou. O trânsito continua lá. A pressão ainda existe.

Mas você é diferente. E é isso que importa.

Você não é o motorista que era quando começamos este trajeto. Você não está mais se medindo por padrões imaginários. Você não está competindo em corridas que não existem. Você não está vivendo como se houvesse um exame.

Você está apenas dirigindo. Sua rota. Seu ritmo. Suas escolhas. Nós ainda estamos aqui. Você ainda está na estrada. É isso que importa.

E é exatamente isso que você deveria estar fazendo.

Porque não há exame. Nunca existiu.

Existe apenas você em sua rota, dirigindo em direção ao que vem a seguir.

O piloto automático está desligado.

Você está pronto.

Capítulo 24

ESTE É O MEU PONTO

Então, o momento chegou. Chegamos juntos a este ponto e é aqui que eu desço.

Não porque a jornada termine. A sua rota continua. Mas esta viagem específica que fizemos juntos—esta conversa que tivemos ao longo das últimas centenas de quilômetros—é aqui que ela se conclui naturalmente.

O Que Isso Realmente Foi

Eu não estava ensinando você a viver. Eu não tenho as suas respostas. Não teria como. Você está percorrendo uma rota que eu nunca dirigi, navegando por condições que nunca enfrentei, fazendo escolhas baseadas em circunstâncias que não entendo completamente porque são suas, não minhas.

O que fiz foi compartilhar perspectivas. Apontei padrões que notei na minha rota. Mostrei o que me ajudou a parar de viver como se houvesse uma prova avaliando cada escolha que faço. O que me ajudou a viver com menos estresse, menos ansiedade, menos peso nos ombros. Uma vida mais feliz.

E você processou tudo isso. Você pegou o que compartilhei e

passou pelo filtro das suas próprias experiências, da sua própria lente, do seu próprio entendimento de como sua vida realmente funciona. Você decidiu o que ressoou e o que não ressoou. Você tornou isso seu —não copiando minha rota, mas usando minhas observações para entender a sua própria.

Lembra-se da armadilha do conselho? Aquilo não era apenas sobre os conselhos de outras pessoas. Era também sobre o livro inteiro. Se você tentar dirigir a rota exatamente como eu a descrevi, você vai bater. Porque a minha rota não é a sua. Meus obstáculos não são os seus. Meu destino não é o seu.

Esta foi uma conversa entre duas pessoas em rotas diferentes que, por acaso, estiveram viajando na mesma direção por um tempo. Compartilhei o que vi. Você decidiu o que isso significava para você.

Foi só isso. E era exatamente o que precisava ser.

Você Vê de Forma Diferente Agora

Você consegue identificar a programação em todos os lugares agora. Não dá para *desver*.

Pense na beleza das celebridades. Elogiamos pessoas famosas por serem deslumbrantes, mas se essa mesma pessoa não fosse famosa, se não fosse rica, se estivesse apenas trabalhando na loja da esquina, poderíamos nem notá-la. Seu *doppelgänger* existe em algum lugar, com exatamente o mesmo rosto, o mesmo corpo, os mesmos traços. Mas não fantasiamos sobre a réplica. Não colocamos o gêmeo desconhecido em capas de revista.

Na verdade, não estamos elogiando a beleza. Estamos elogiando a posição. Estamos adorando o status e chamando-o de estética. Mas isso é a verdade? Ou apenas uma ilusão?

O mesmo acontece com as piadas do seu chefe. As pessoas riem mais alto por causa do cargo, não porque o humor melhorou.

As mesmas bandas recebem empurrões com orçamentos de marketing massivos e se tornam sensações globais, enquanto músicos com mais talento, melhor coreografia e habilidade superior permanecem desconhecidos.

Elogiamos os famosos não porque sejam melhores, mas porque fomos programados para adorar o que já foi elevado.

Você enxerga isso agora. É óbvio. Você está mais consciente do padrão.

Ou observe como construímos tecnologia. Cada novo robô humanoide é anunciado com o mesmo alarde * * Vejam, ele pode fazer tarefas domésticas!—

Mas por que estamos fixados em copiar o corpo humano? Se o objetivo é utilidade, por que se limitar a dois braços em vez de quatro? Quero dizer, olá... (sim, isso é uma referência a *Star Wars*).

Não estamos construindo robôs para nos ajudar. Estamos construindo robôs para que se pareçam conosco. Estamos competindo contra nós mesmos como espécie. Tentando superar a forma humana em vez de resolver problemas reais.

O carro tornou-se autônomo sem precisar de um robô sentado no banco do motorista. O sistema de lavanderia poderia ser O robô, em vez de construirmos uma máquina em forma de gente para operar a lavadora.

Mas continuamos competindo com o design do nosso próprio corpo como se houvesse uma prova em algum lugar avaliando se replicamos a nós mesmos com sucesso.

Até a frase *pensar fora da caixa* é programação. A caixa é a programação.

Não pense fora da caixa. Pense como se não houvesse caixa.

Não deixe a programação ser seu ponto de referência. Sempre questione se a caixa sequer existe.

Mas a mudança mais importante? Aquela que altera sua vida diária de fato?

Você não vê mais NPCs.

Você costumava ver o atendente da cafeteria como alguém que deveria fazer seu café mais rápido. O motorista devagar como um obstáculo no seu caminho. O caixa que cometeu um erro como alguém que deveria ser melhor no trabalho. Funções que deveriam ter um desempenho eficiente.

Agora você vê oportunidades.

Cada interação é uma chance de reconhecer outro ser humano. De ver a pessoa por trás da função. De praticar apresentar-se como humano em vez de tratar as pessoas como cenário de fundo na sua história.

Você passou de alguém que se sente no direito de ser servido para alguém grato pela oportunidade. De frustrado pelos obstáculos para alguém que aprecia cada momento em que pode ver alguém plenamente em vez de reduzi-lo ao seu papel.

O atendente não está lá para servir você. São pessoas que estão fazendo café hoje, assim como você é uma pessoa que está pedindo café. Isso é uma oportunidade de conexão, mesmo que breve, como dois humanos compartilhando um espaço, em vez de uma pessoa extraindo um serviço de outra.

Isso é o *omoiyari* vivendo em você agora. Não como algo que você pratica. Como algo que você vê.

Há uma outra camada nisso.

Você não vê mais divisões.

Sua cidade natal ensinou que existe *nós* e *eles*. Seu grupo e outros grupos. Sua gente e aquelas pessoas. Times. Tribos. Categorias. Hierarquias.

Você enxerga através disso agora.

Todo mundo é apenas um motorista em sua própria rota. Sem times. Sem hierarquia. Não há mais *nós contra eles*. Apenas indivíduos navegando em suas próprias rodovias, no seu próprio ritmo, com seus próprios destinos que não têm nada a ver com o seu.

A programação tentou fazer você pensar em divisões. Você não pensa mais assim.

Não dá para *desver* nada disso agora. Ver é acreditar. A mudança de visão é permanente. Não porque você está tentando mantê-la, mas porque, uma vez que você vê com clareza, não consegue mais fingir que o borrão era real.

O Desafio Real

Acabamos de reconhecer que você está pronto. Que você mudou. Que o piloto automático está desligado.

Tudo isso é verdade.

Mas aqui está a parte mais difícil: permanecer assim.

O mundo não mudou. A cultura ainda programa. As redes sociais ainda medem. A sociedade ainda compara. Todos ao seu redor ainda dirigem como se houvesse uma prova.

E a força que puxa você de volta é constante.

Você estará na fila do supermercado e sentirá aquela velha frustração surgindo * * por que essa pessoa é tão lenta, ela não sabe que eu tenho compromissos?—antes de se dar conta e lembrar: ela não é um NPC. É uma pessoa tendo um dia tão real quanto o seu.

Você verá o sucesso de alguém nas redes sociais e sentirá aquela comparação rastejando—*eles estão na frente, você está atrás, você não está fazendo o suficiente*—antes de lembrar: seu odômetro mede os seus quilômetros, não os deles.

Você ouvirá a voz da sua cidade natal na sua cabeça * * você deveria querer isso, deveria valorizar aquilo, deveria competir aqui— antes de lembrar: essas são crenças herdadas, não seus desejos autênticos.

A programação não para de rodar só porque agora você consegue vê-la.

Não se trata de afirmações diárias ou mantras. Não se trata de lembrar a si mesmo toda manhã que não existe prova. Trata-se de dirigir com intenção em um mundo projetado para colocar você de volta no piloto automático.

Você consegue continuar vendo os humanos quando todos os tratam como funções? Consegue manter os olhos na sua estrada quando todos estão vigiando a velocidade uns dos outros? Consegue continuar dirigindo sua rota quando a cultura vive dizendo qual rota você deveria seguir?

Você consegue. Não perfeitamente. Nem a todo momento. Não sem ocasionalmente escorregar de volta para velhos padrões.

Mas com mais frequência do que antes. E quando escorregar, você notará mais rápido. Você vai se flagrar mais cedo. Retornará à direção consciente com mais agilidade.

Porque a consciência está lá agora. Ela não vai embora. Não é algo que você está se esforçando para manter. É apenas parte de como você vê.

Com o Que Você Está Dirigindo

Complete os outros em vez de competir com eles.

Na sua equipe. Na sua família. No seu relacionamento. No seu trabalho. Completar os outros significa que todos ganham. Competir significa que alguém tem que perder. Você não precisa apostar corrida com todo mundo. Nem tudo é uma competição. Não existe prova.

Controle o que você pode controlar. Seu volante. Sua velocidade. Sua faixa. Suas escolhas. Só isso. Você não pode controlar o trânsito. Não pode controlar o clima. Não pode controlar o que os outros motoristas fazem. Foque no que está realmente em suas mãos. Todo o resto é apenas ruído.

Suas memórias pertencem a você. Ninguém mais estava dentro da sua cabeça quando você viveu esses momentos. Eles não podem mudar o que você experimentou. Eles não podem dizer o que aquilo significou. Suas memórias são apenas suas—não estão abertas a debate, nem sujeitas à interpretação de outra pessoa. O que você viveu é o que você viveu.

Você vê os outros como humanos. Não como NPCs. Não como obstáculos. Não como funções. Pessoas com vidas plenas que são tão reais e complexas quanto a sua. Cada interação é uma oportunidade para reconhecer isso. Para se mostrar como humano, em vez de apenas extrair o que precisa e seguir em frente.

O dia de hoje é 100% da sua vida. Não uma fração esperando para ser completada. Não uma preparação para o amanhã. É isto. A vida que você está vivendo agora é a única que você está realmente experimentando.

Vá e diga a alguém o que essa pessoa significa para você.

Hoje.

Diga aquela coisa importante que você tem esperado pelo—momento certo—para dizer. Você não está em modo de contagem regressiva não há um cronômetro se esgotando. Mas hoje é 100% do que você tem, então viva como se importasse. Porque importa.

Nem todos alcançarão a mesma distância que você. Algumas rotas terminam antes das outras. Isso não é um fracasso. Não é ficar para trás. É apenas a realidade. As jornadas de algumas pessoas concluem-se antes do esperado. Outras, depois. Você não sabe qual é a sua.

Isso não é para assustar você. É para fazer o dia de hoje importar ainda mais. Não de uma forma de contagem regressiva. Mas de uma forma presente e intencional. Você está aqui agora. As pessoas que você pode alcançar hoje estão aqui agora. Ligue para elas.

Minha Saída

Você vai continuar em sua rota. Nossos caminhos divergem agora.

Isso não é um abandono. É apenas como as rotas funcionam. Viajamos juntos por estes quilômetros. Tivemos esta conversa. Compartilhamos este trecho de estrada.

Mas a sua rota continua além de onde a minha para. E é exatamente assim que deve ser.

O volante está com você. Na verdade, sempre esteve. Olhe bem. O motorista sempre foi você. Suas mãos. Suas escolhas. Sua direção. Eu nunca estive dirigindo por você. Eu não poderia. O carro é seu. A rota é sua. A vida é sua.

Tudo o que fiz foi pegar uma carona e apontar o que percebi. Compartilhar observações. Oferecer perspectivas. Mas cada quilômetro que você percorreu? Foi você dirigindo. Cada mudança na forma como vê as coisas? Foi você mudando. Cada escolha sobre o que ressoou? Foi você decidindo.

Você não precisa mais que eu aponte as coisas. Você mesmo pode vê-las agora.

A programação está visível para você. Os NPCs tornaram-se humanos. As divisões se dissolveram. O exame imaginário foi revelada pelo que sempre foi *nada. Não há mágica aqui* apenas a percepção que sempre esteve lá.

Você vê a sua rota pelo que ela é: sua.

Você esteve segurando o mapa esse tempo todo. Seu atlas. Sua rota.

Nem melhor nem pior do que a de qualquer outra pessoa. Nem à frente nem atrás. Nem ganhando nem perdendo. Apenas sua.

E isso é o suficiente.

Não existe prova. Nunca existiu. Ninguém está dando nota para a sua rota. Ninguém está classificando suas escolhas. Ninguém está marcando pontos para ver se você está vivendo a vida corretamente.

Existe apenas você em sua rota, dirigindo em direção ao que quer que venha a seguir.

Você sabe qual é o seu ponto de referência e pode ter passado por vários obstáculos para chegar até aqui. Mas agora você está vendo alguns motoristas na estrada. E você vai alcançá-los, para que possa atingir o sucesso de que precisa. Você já percebeu contra quem está competindo. Já sabe o que o seu 100% significa. Sabe quais escolhas te trouxeram a este momento. Você está aqui. Sabe que nem todos chegarão à mesma distância que você. As gerações anteriores te disseram como dirigir, mas agora você sabe que seus olhos só precisam estar focados na estrada à frente. Sem distrações. Você sabe de tudo isso. Sempre soube.

Pronto? Assuma o volante.

APÊNDICE A: LUZ DE ALERTA

Em 25 de novembro de 2022, recebi o diagnóstico de Asperger. Eu tinha 45 anos.

O Asperger agora faz parte do espectro autista, desde a última edição do DSM. Sou autista (e com muito orgulho!). O diagnóstico mudou minha vida—não porque tenha mudado quem eu sou, mas porque finalmente explicou por que processo o mundo da maneira que processo.

Passei pela jornada de inclusão de três etapas que descrevi no livro: Conscientização → Aceitação → Indiferença. Essa última é positiva. Como ser canhoto. Uma fiação diferente. Não deficiente. Apenas diferente.

O diagnóstico me deu duas coisas. Primeiro, explicações para padrões com os quais vivi a vida inteira. Sou hipersensível ao ruído, então agora evito lugares barulhentos em vez de me forçar a suportá-los sem saber que estava praticando o *masking*. Sempre precisei que as coisas fizessem sentido literal. Eu não conseguia aceitar regras sociais vagas sem questioná-las. Agora sei o porquê.

Segundo, ajudou-me a abraçar uma perspectiva que sempre tive— essa necessidade de ver as coisas de diferentes ângulos, de questionar o que todo mundo aceita como normal.

Foi daí que surgiu o conteúdo deste livro. Meu cérebro de Asperger precisa de respostas literais. Quando vejo competição por toda parte, meu cérebro pensa imediatamente: ok, então qual é o prêmio? Quando termina? Quais são as regras?

E quando não conseguia encontrar as respostas para essas perguntas—quando percebi que NÃO HÁ prêmio, NÃO HÁ fim, NÃO HÁ regras—meu cérebro concluiu: então não há competição.

Essa percepção se tornou *Não Há Exame*. Assim que vi esse padrão na competição, comecei a enxergá-lo em todo lugar. Todos esses sistemas invisíveis de avaliação com os quais as pessoas se estressam— nenhum deles realmente existe. São construções sociais abstratas que todos concordamos em tratar como reais.

E por causa do meu autismo, não consigo aceitar construções sociais abstratas sem evidências. Se alguém me diz: "Você precisa acompanhar o ritmo dos outros", meu cérebro pergunta imediata- mente: "Acompanhar quais outros? Por qual métrica? Quem está medindo? Quem decidiu isso?"

Pode parecer que estou desafiando a autoridade, mas estou genui- namente buscando respostas. Ou quando alguém se despede dizendo "cuide-se!", eu penso: "Bom, obviamente eu vou cuidar de mim mesmo."

Então, minha ideia inicial era escrever um livro sobre o ponto de vista de uma pessoa autista na vida, mas depois decidi evitar esse caminho porque, primeiro, se eu mencionasse meu autismo logo de cara, sabia que isso poderia predispor as pessoas a pensar que o livro era sobre autismo *eu sei ler o ambiente (trocadilho intencional)* e é por isso que não usei o subtítulo "Uma Abordagem Autista da Vida" ou algo do tipo. E segundo, este sou eu abraçando a fase da Indiferença, o que significa que não preciso anunciar meu diagnóstico. Este livro é para todos. E a mensagem funciona quer você saiba que sou autista ou não.

Minha História

Não sou psicólogo. Não sou terapeuta. Não tenho formação acadêmica em comportamento humano ou saúde mental.

Estudei engenharia mecânica. Trabalhei mais de 13 anos na área de esportes. Editoração. Evoluí para a tecnologia. Estou há cinco anos em empresas do tipo *Vale do Silício*. Passei minha carreira como Gerente de Produto de IA em P&D, construindo produtos digitais e resolvendo problemas. Esse é o meu histórico. Analítico. Técnico. Empírico.

Criei até uma página sobre mim que me trata como versões de software: **https://ericsalinas.dev** Compartilho pensamentos relacionados à tecnologia por lá, mas o experimento central foi compartilhar meu desenvolvimento como versionamento, com correções, atualizações menores e maiores. Esse sou eu em resumo. Sou estranho e adoro isso.

Este livro não veio de credenciais acadêmicas. Ele vem da minha trajetória—das experiências e circunstâncias específicas que me deram essa perspectiva.

(Sim, ele vem do meu coração, mas minha fixação em manter a metáfora venceu essa batalha interna.)

APÊNDICE B: QUANDO O COMBUSTÍVEL DELES ACABA

Em 2022, durante nossas palestras sobre neurodiversidade na Wizeline (onde trabalho atualmente), o assunto um dia chegou ao medo da morte de nossos entes queridos—especificamente nossos pais. Compartilhei minha perspectiva sobre a morte e as pessoas me disseram que isso as ajudou a pensar sobre a perda de uma forma diferente. Estou compartilhando aqui caso possa ajudar alguém:

Por causa do meu autismo e Asperger, sou muito pragmático em relação à morte.

Não tenho medo dela. Não porque eu seja corajoso, iluminado ou desapegado. Mas porque a morte é um fato. Não pode ser desfeita. É inevitável.

Mesmo agora, com todos os avanços na GenAI, você não pode recriar um ente querido. Você poderia treinar um LLM com a voz, os padrões de comportamento e o estilo de escrita da pessoa. Poderia criar um avatar realista com a aparência dela. Poderia gerar respostas que soassem como algo que ela diria.

Mas a pessoa ainda assim teria partido. A pessoa que realmente existiu, que realmente viveu, que realmente influenciou sua vida—essa pessoa se foi. A tecnologia não muda isso.

É por isso que não temo a morte.

Com o que eu realmente me preocupo

Eu me preocupo, sim, quando alguém morre. Mas não com a pessoa que morreu.

Eu me preocupo com as pessoas que ficaram. Aquelas que estão sofrendo por causa da perda. Aquelas que tentam descobrir como continuar vivendo sem alguém que fazia parte do seu cotidiano.

As outras pessoas. Não eu.

Cada um vive o luto e lida com a perda de forma diferente, e está tudo bem—é o esperado. Não estou dizendo que não se deve sofrer. Não estou dizendo que o luto é errado ou que as pessoas devem *superar* rápido.

Mas é aqui que meu autismo se manifesta: quando alguém morre, essa pessoa não pode mais sofrer. Ela se foi. O sofrimento permanece com as pessoas que ainda estão aqui, ainda vivas, ainda tendo que navegar pela vida sem elas.

Celebrando vidas, não apenas lamentando mortes

Quando Bob Barker (o apresentador do *The Price is Right*) faleceu, vi um tweet que dizia: "Perdemos o Bob aos 99 anos. Que coisa triste!"

E eu pensei: triste? Ele viveu por 99 anos!

Não estou dizendo que as pessoas não podem ficar tristes. O luto é real. A perda dói.

Mas 99 anos. Isso é quase um século inteiro de vida. São décadas de influência, conquistas, relacionamentos, experiências. É estabelecer padrões para programas de auditório na televisão que duraram gerações.

Isso é uma vida plenamente vivida.

Deveríamos celebrar esse marco. Celebrar sua vida e suas conquistas. Não apenas lamentar que ele se foi.

Por outro lado, mortes trágicas—jovens, perdas inesperadas, vidas interrompidas precocemente—essas são sempre tristes. Ninguém merece morrer jovem.

Mas, mesmo assim, sempre temos a chance de celebrar a vida dessas pessoas. O impacto que criaram enquanto estiveram aqui. As lições que deixaram. A influência que tiveram nas pessoas ao seu redor, na sociedade, em seus entes queridos.

Todos nós vamos morrer. E usando a frase de Paul Heyman: "Isso não é uma previsão, é um spoiler."

Na maioria das vezes, seus pais vão morrer antes de você. E nenhum pai ou mãe gostaria de vivenciar o oposto, se lhe perguntassem. Acredita em mim, eu já vivenciei o oposto.

Você pode ou não estar preparado para quando isso acontecer. Mas pode estar sempre pronto para celebrar a vida deles.

Lembre-se de tudo o que eles te ensinaram. De cada momento que compartilharam contigo. De todas as memórias que criou com eles. Eles serão sempre seus pais, e serão sempre insubstituíveis.

Honre-os sendo a pessoa que eles tanto se esforçaram, durante a maior parte de suas vidas, para que você se tornasse hoje.

Simples assim.

Mantendo o espírito deles vivo

Se for religioso, pode falar com eles em oração.

Se não for, pode replicar o comportamento deles no seu dia a dia para manter o espírito deles vivo.

Pode adotar os hábitos que eles te ensinaram. Usar a sabedoria que compartilharam. Tomar decisões da forma como eles te mostraram. Lidar com desafios usando a abordagem que eles demonstravam quando os vias navegar por situações semelhantes.

É assim que você os honra. Não através de monumentos ou lembranças perfeitas. Mas vivendo de uma maneira que reflita o que eles te ensinaram. Levando adiante a influência que eles tiveram em quem tu te tornaste.

Eles se foram. Mas o que te ensinaram—isso ainda está aqui. E você decide se vai usar ou ignorar isso.

Temos medo de falecer amanhã, mas não temos medo de não fazer nada hoje. Sabemos que as pessoas não estarão aqui para sempre, mas agimos como se houvesse sempre mais tempo.

NÃO ESPERE até que eles morram para dizer que os AMA.

Diga a eles agora. Enquanto ainda estão vivos. Enquanto ainda podem te ouvir dizer isso.

Não guarde o agradecimento para funerais. Não contenha o amor até que seja tarde demais. Não espere pelo *momento certo* para expressar o que alguém significa para você.

O momento é sempre o certo. Diga agora.

Gente demais guarda suas palavras mais honestas para elogios fúnebres. Passam o funeral falando sobre o que aquela pessoa significava para elas, desejando ter dito isso enquanto a pessoa ainda estava viva para ouvir.

Não seja essa pessoa.

Seus pais ainda estão vivos? Diga a eles que aprecia o que te ensinaram. Seu amigo ainda está aqui? Deixe-o saber que a presença dele na sua vida é importante. Seu parceiro está ao seu lado? Garanta que ele entenda o que significa para você.

É difícil compartilhar seus sentimentos? Sinto muito, mas você não pode usar essa carta comigo. Eu sou o autista aqui.

Diga agora. Não depois. Não em algum momento. Não quando se sentir pronto.

Agora.

A morte é inevitável. O hoje é o 100% de todo mundo. E uma vez que alguém se vai, você não pode mais dizer nada. Você só pode desejar ter dito.

APÊNDICE C: LIMPANDO O MEU PORTA-MALAS

Não estou escrevendo isso para lhe dizer como pensar. Estou escrevendo para mostrar que eu também tive que desaprender certas programações.

O vírus do preconceito de que falei no livro? Eu o peguei. Múltiplas cepas. E ainda estou trabalhando para eliminar parte dele.

Quando a Dor se Tornou Julgamento

Eu tive dificuldades com contagem e motilidade de espermatozoides.

Essa luta criou algo em mim que eu não reconheci de início: um forte viés antiaborto.

Tornei-me egoisticamente julgador. Como alguém podia escolher não ter um filho quando nós estávamos tentando desesperadamente e não conseguíamos? Como alguém podia interromper uma gravidez quando teríamos feito qualquer coisa para estarmos grávidos?

Minha dor criou meu julgamento. Eu estava medindo a situação de todos os outros com base na minha.

Isso me levou à terapia Gestalt. E algo mudou.

Comecei a perceber que a minha realidade não era universal. Uma gravidez desejada e uma gravidez indesejada são realidades completamente distintas. Um casal que tenta conceber há anos está em uma situação diferente de uma adolescente que engravidou de um estupro. Um filho planejado em um relacionamento estável difere de uma situação de abuso onde a mulher não tem controle sobre o próprio corpo.

Pessoalmente, ainda sou pró-vida. Isso não mudou. Mas aprendi a respeitar as escolhas de outras pessoas sobre seus próprios corpos.

Digo, a autonomia do meu corpo masculino nunca foi questionada. Nenhum político jamais sugeriu regulamentar a masturbação masculina. Ninguém nunca me disse o que eu podia ou não fazer com meus espermatozoides. (Eles também estão vivos.)

A legislação só parece se aplicar aos corpos das mulheres.

Esse padrão duplo me fez examinar minha posição. Não abandoná-la. Apenas examiná-la.

Foi aí que cheguei. Não concordando com toda decisão de aborto. Não dizendo que minha postura pró-vida estava errada. Apenas respeitando que as realidades de outras pessoas diferem da minha, e elas têm o direito de fazer suas próprias escolhas.

Recusando o Roteiro de Monterrey

Sei que isso vai ser péssimo para mim se eu algum dia me candidatar a prefeito, mas existe uma veia profunda de machismo na minha cidade natal. Não estou dizendo que é algo exclusivo de lá—é apenas o lugar sobre o qual posso falar por experiência própria, pois vivi isso.

Nas festas, o roteiro era sempre o mesmo: mulheres na cozinha, homens na churrasqueira ou assistindo ao *jogo*. Espaços segregados por gênero. Grupos de WhatsApp divididos por gênero onde homens compartilhavam pornografia. Atitudes homofóbicas tratadas como *normais*.

Todos participavam. Todos reforçavam. Todos agiam como se fosse assim que as coisas funcionavam.

Eu me recusei a participar.

Eu me sentava com minha esposa em vez de me sentar *com os caras*.

Eu saía dos grupos de WhatsApp masculinos quando me adicionavam. Eu não entrava na onda das piadas homofóbicas.

E perdi amizades por causa disso.

As pessoas não entendiam por que eu não estava seguindo o roteiro. Por que eu não participava da cultura que todos os outros aceitavam como normal. Por que eu escolhia me sentar com as mulheres em vez de onde eu *deveria* estar.

Para mim, era simples. Eu queria sentar com minha esposa. Recusei-me a segregar por gênero. Não participei da cultura com a qual discordava.

Mas essa escolha *simples* trouxe consequências sociais. Algumas amizades desapareceram. Tornei-me o estranho no ninho porque não reforçava os roteiros de gênero que todos os outros seguiam.

Não me arrependo (o que é o arrependimento?). Mas não vou fingir que foi fácil ou que não me custou nada.

Recusar-se a participar era apenas o nível superficial, no entanto. Havia um desaprendizado mais profundo que eu precisava trabalhar.

(O seguinte é direcionado aos homens.)

Notei algo em como as pessoas justificavam o apoio a causas feministas. A frase que vivia aparecendo era: "Eu apoio isso porque tenho irmã/mãe/esposa/filha."

Cara, essa justificativa continua sendo egocêntrica. Você só apoia a causa porque ela afeta alguém ligado a você. Você está defendendo os direitos das mulheres porque o mal causado a elas respinga e afeta você como homem. Você está insinuando que, se não tivesse essa parente mulher, você não se importaria?

Isso não é apoio. Isso é proteger seu próprio território.

Apoio genuíno significa reconhecer pessoas como pessoas, não como extensões da sua própria vida. Não como NPCs que só importam porque estão na sua história. Significa apoiar causas porque outros seres humanos estão sendo prejudicados—e não apenas porque esses humanos por acaso são seus parentes.

Tive que desaprender esse enquadramento egoísta. Parar de justificar o apoio por meio de conexões pessoais. Começar a reconhecer que as lutas das pessoas importam, independentemente de afetarem a mim ou a alguém que eu conheça.

No que Ainda Estou Trabalhando

Não estou me apresentando como alguém que eliminou toda a programação de preconceitos. Não eliminei.

Ainda me pego fazendo suposições. Ainda noto programações vindo à tona que eu achava que já tinha desaprendido. Ainda tenho momentos em que percebo que estou medindo a situação de outra pessoa com base no meu ponto de referência, em vez de enxergar a realidade dela.

Esta não é uma história sobre como eu resolvi tudo. Esta é uma história sobre reconhecer que absorvi programações que não escolhi, e que estou trabalhando ativamente para examiná-las.

Algumas eu limpei. Outras ainda estou processando. Algumas provavelmente nem identifiquei ainda.

Mas aqui está a diferença entre agora e antes: estou consciente de que isso existe. Estou examinando minhas reações automáticas. Estou questionando a programação em vez de apenas segui-la.

Isso não é maestria. É apenas prática.

E estou compartilhando isso não porque tenho todas as respostas, mas porque talvez ver outra pessoa examinando a própria programação torne mais fácil para você examinar a sua.

Todos nós pegamos o vírus do preconceito. Múltiplas cepas. De múltiplas fontes. Absorvido ao longo de anos de exposição.

Você não precisa continuar rodando essa programação só porque ela foi instalada em você. Você pode examiná-la. Questioná-la. Decidir se quer mantê-la ou limpá-la.

Isso não é fácil. Tem um custo. Significa reconhecer que ideias que você defendia como verdades podem ter sido programações. Significa perder relacionamentos com pessoas que esperam que você reforce os mesmos preconceitos que elas seguem.

Até mesmo com membros da família. Como minha esposa diz, e com razão: *Até a árvore genealógica pode ser podada.*

Mas a alternativa é viver a vida inteira rodando um software que outra pessoa instalou em você sem a sua permissão.

Eu prefiro examinar o código.

NOTAS

3. AS ROTAS QUE TE ENSINARAM

1. Neil deGrasse Tyson, *Starry Messenger: Cosmic Perspectives on Civilization* (Henry Holt and Company, 2022), 149.
2. Neil deGrasse Tyson, *Starry Messenger*, 150.

19. SUPERANDO O SEU PRÓPRIO ODÔMETRO

1. John C. Maxwell, *Leadershift: The 11 Essential Changes Every Leader Must Embrace* (HarperCollins Leadership, 2019), 46.
2. Mo Gawdat, *Solve for Happy: Engineer Your Path to Joy* (Gallery Books, 2017), 18.

SOBRE O AUTOR

Eric Salinas não é psicólogo, terapeuta ou guru de autoajuda. Ele é um engenheiro que se tornou profissional de tecnologia e passou anos competindo em uma corrida que não existia—até perceber que o sistema de avaliação que causava seu estresse era algo que ele poderia desaprender. Este livro é sua conversa com qualquer pessoa que ainda se sinta medida por padrões invisíveis. Ele vive no México com sua esposa Silvana, o filho deles e seus dois Shih Tzus, Wookie & Padme.

#nãoháexame #thereisnoexam

- goodreads.com/ericsalinas
- amazon.com/author/ericsalinas
- bookbub.com/authors/eric-salinas
- linkedin.com/in/esalinas
- instagram.com/ericsalinas21
- threads.com/@ericsalinas21
- facebook.com/ericsalinas21
- x.com/ericsalinas
- tiktok.com/ericsalinaspie
- youtube.com/@ericsalinas_dev

NOTA DO AUTOR

Este livro não foi escrito pensando em faturamento ou lucro. Ele foi genuinamente escrito para propagar esta mensagem.

Esta é a mentalidade *Não Há Exame* tentando transcender—mesmo depois que eu me for—deixando sua influência para mudar o mundo. Porque, sejamos honestos, quando você acha que tem um pensamento incrível ou mesmo uma mente brilhante, não importa se guardar isso para si mesmo. Se não for compartilhado, significa que não agrega valor. Portanto, não faz sentido guardar a sabedoria apenas para nós.

Então, por favor, se você comprou este livro físico, compartilhe-o com outra pessoa. Ele não fará diferença parado aí na sua estante como decoração. Vamos ajudar a espalhar essa influência e, para torná-la mais rastreável, antes de compartilhá-lo, pegue uma caneta ou lápis e adicione seu nome completo abaixo. Assim, sempre que o livro chegar às mãos de outra pessoa, ela poderá rastrear a influência notando seus antigos donos. E isso será a representação do galho da árvore para este livro específico, com você sendo a extremidade atual. Você é o atual: "Você Está Aqui!"

— *Eric Salinas*

Proprietários Anteriores:

AGRADECIMENTOS

Este livro existe por causa da Silvana.

Ela é uma autora de best-sellers que me inspirou a escrever, me orientou ao longo do caminho e fez a revisão deste livro. Ela acreditou que eu tinha algo que valia a pena compartilhar com o mundo e me apoiou para escrevê-lo como meu verdadeiro eu.

À Norma Sánchez, minha terapeuta por mais de uma década: este livro é, essencialmente, dez anos das nossas sessões destilados. Há Gestalt em cada capítulo, quer os leitores reconheçam ou não. Obrigado por exigir que eu o terminasse —sim, *exigir*— quando eu precisei desse empurrão.

Ao Jorge Matus, a cobaia. Por quase dois anos, você confiou em mim como seu mentor, e essa responsabilidade me forçou a articular coisas que eu apenas sentia. A maioria dessas mudanças foi moldada em nossas conversas, para você, porque precisava ouvi-las. Acontece que eu também precisava.

Ao Daniel Niquet, uma conversa naquele terraço sobre como não criamos as memórias dos outros tornou-se um pilar deste livro. Algumas percepções chegam em salas de reunião; outras chegam quando alguém é corajoso o suficiente para ser vulnerável com um colega de trabalho.

Ao Clay Griffith, que me disse "você não é um em muitos, você é um em um" quando eu mais precisei. Essa frase pertence a este livro. Provavelmente ela é este livro.

Ao Willie González, que há vinte anos teve a curiosidade de perguntar como eu me sentia fazendo desenhos animados depois de me formar na faculdade mais cara da cidade. Aquela pergunta, feita da forma que só um amigo consegue fazer *com intriga, não com julgamento* acendeu algo: "Até onde posso chegar?" começou ali.

À Victoria Cornejo, que me deu o palco. Você agendou a primeira palestra *Não Há Exame* na Wizeline, acreditou na mensagem antes mesmo de ser um manuscrito e me incentivou a continuar. A defesa da saúde mental precisa de mais pessoas como você.

À Gema del Río, minha querida *comadrita*, obrigado por colocar os holofotes sobre mim, não como um convidado, mas como alguém cuja perspectiva importava. Você me deu a chance de inspirar seu público—*minha comunidade*—a abraçar o autismo como algo a carregar com orgulho.

Ao Santiago Sillis, por sempre torcer por mim e me fazer acreditar que esta mensagem é importante. Às vezes, é exatamente isso que uma pessoa precisa ouvir.

Aos meus pais, Humberto e Margarita, e à minha irmã Myriam, obrigado por estarem presentes em toda esta jornada, apoiando-me de formas visíveis e silenciosas.

Ao meu filho David, que me ensina todos os dias que se divertir e aproveitar a vida não significa fazer isso da maneira que a sociedade diz que as crianças deveriam. Tu nunca precisaste de permissão para ser tu mesmo, e eu estarei sempre aqui para observar e apoiar até onde podes chegar.

E para você, ler este último parágrafo é a prova de que esgotou até a última gota de combustível para chegar aqui, e isso significa o mundo para mim. Agora faço parte do seu impulso. Obrigado por me deixar acompanhá-lo no caminho.

www.ingramcontent.com/pod-product-compliance
Lightning Source LLC
Chambersburg PA
CBHW051529050726
47595CB00002B/414